1992년 5월, 도쿄에서

HARVEY
COX

21세기 평화와 종교를 말한다

池田
大作

HARVEY
COX

하비 콕스

21세기 평화와 종교를 말한다

이케다 다이사쿠

池田
大作

ChosunMedia
조선뉴스프레스

서문

/

하비 콕스
HARVEY COX

　왜 종교는 모던 심지어 포스트모던 시대까지 지속되고 있는가? 최근 무신론을 옹호하는 책이 많이 쏟아져 나오는데도 불구하고 왜 신앙(faith)은 사라지지 않고 계속되는가? 기독교 학자로서 상당한 시간을 세속화 연구에 전념해온 나는 왜 이케다 다이사쿠와 같은 저명한 불교 사상가와 대화를 나누게 되었는가?

　답은 간단하다. 이 책은 현재 우리 시대가 요구하는 아주 작은 부분만을 나타낸다. 실제 우리는 종교 간의 대화(dialogue) 그 이상을 필요로 한다. 철학, 사상, 세속주의(世俗主義), 무신론(無神論) 그리고 불가지론(不可知論)을 포함한 여러 세계관 사이의 다층적 대화(conversation)가 필요하다. 사실 우리가 갖고 있는 모든 지략(智略)을 모을 수 있다면, 오늘날 인류가 당면한 위기를 성공적으로 해결할 수 있다고 나는 확신한다. 이는 우리가 서로에게 배우는 방법을 배울 때 비로소 가능해진다. 그렇게 배우려고 하는 의지는 모두에게 겸손이라는 미덕을 필요로 한다. 경청하려는 의지 그리고 '아, 우리가 잘못 알고 있었구나'라고 솔직하게 인정할 수 있는 용기가 필요하다. 달리 말하면, 성숙한 신앙에 없어서는 안 될 핵심적 요소는 바로 어느 정도의 '불확실성'이다. 여기에는 무신론자도 그리고 종교인도 포함된다. 나는 상당히 많은 무신론자를 알고 있으며, 그들과 대화도 나눈다. 그중 자신의 무신론에 대해 조금도 의심을 품지 않는 사람들, 자신이 절대적으로 올바르다고 확신하는 사람들과의 대화가 가장 즐겁지 않다. 사실상 그들은 '근본주의 무신론자들'이다.

불교인과의 대화 그리고 무신론자와의 대화는 과연 무슨 관계가 있을까? 나의 경험으로 미루어볼 때 불교인은 기독교인과 달리 그다지 무신론에 사로잡혀 있지 않다. 신에 대한 전통적인 믿음의 유무(有無)에 상관없이 불교인이 될 수 있다. 그러나 기독교는 다르다. 기독교에서 신이라는 실재는 가장 중요한 문제이므로 무신론은 저항 그리고 유혹에 가깝다. 나아가 그 어떤 무(無)신(神)론도 신(God, 神)이라는 특정 개념에 대한 부정이다. 나의 위대한 스승 폴 틸리히(Paul Tillich, 1886~1965)가 서술한 것처럼 무신론은 어떤 형태가 되었건 명백히 유신론의 그림자와 같다. 당신이 믿지 않는 그 신을 내게 보여주시오. 어쩌면 나 또한 그 '신'을 믿지 않는다는 것을 알게 될 수도 있지 않을까?

반면, 약간의 무신론은 모든 기독교인에게 분명 유혹임에 틀림없다고 나는 믿는다. 다른 종교인도 마찬가지라고 할 수 있다. 어쩌면 무신론자들이 옳을 수도 있다는 것을 잊어서는 안 된다. 이는 우리 스스로 경험을 통해서도 이미 알고 있는 바다. 단지 무신론은 표현 방법이 다를 뿐이다. '무신론의 유혹'을 가장 함축적으로 잘 표현한 블레즈 파스칼(Blaise Pascal)의 명언이 떠오른다. 그는 "시공간의 가장 먼 곳에 관해 사유했을 때… 이 무한한 우주 공간의 영원한 침묵이 나를 두렵게 한다"고 고백했다.

나 또한 이런 생각과 두려움을 아주 어린 시절에 느껴본

적이 있다. 바로 우주는 너무나 어마어마하여 보통 숫자의 범위를 초월할 만큼 웅대한데 우리 태양계는 그 우주 안에 있는, 너무나 미세한 얼룩 반점에 지나지 않는다는 사실을 배웠을 때이다. 그리고 언젠가는 태양의 폭발로 우리 지구가 잿더미로 불타버리고, 인간의 기억과 기념비 모두 사라질 수 있다. 남는 것은 오직 하나의 거대하고 고요한 텅 빈 공허 그리고 이 자체를 관찰할 사람마저 하나도 없을 수 있다고 배웠을 때 그 두려움은 더욱 커졌다. 나는 나 자신에게 물었다. 도대체 왜 어떤 신이 이렇게 극미하고 일시적인 것에 관여한다는 말인가? 이러한 질문과 마주했을 때 파스칼이 느낀 그 공포의 순간을 느낀 적이 없다고 솔직하게 말할 수 있는 사람이 과연 있을까?

그러나 그 광대한 빈 공간은 대답해주지 않는다. 그저 질문만 야기할 뿐이다. 우리에게 공포를 보여줄 수도 있고, 매혹적인 것을 보여줄 수도 있다. 어쩌면 두 가지 모두 보여줄 수도 있다. 성숙한 종교적 신앙은 열린 자세로 질문을 멈추지 않는다. 사전에 모든 시도를 차단하거나 배제하지 않는다. 내가 생각하는 것처럼 만일 의심의 요소가 신앙의 성분이라면, 그렇다면 나는 신앙을 받아들이겠다. 다음은 사도 바울의 유려한 문장이다. "보이는 소망이 소망이 아니니 보는 것을 누가 바라리요. 만일 우리가 보지 못하는 것을 바라면 참음으로 기다릴지니라."(로마서 8장 24~25절)

모순적으로 들리겠지만, 극단적 불확실성의 '보이지 않음'을 내 삶 속으로 허용할 때, 아니 환영할 때라야 비로소 나는 모든 불확실성을 삭제해버리는 위안의 종교성에도, 답할 수 없는 질문에 대해 확실한 답을 갖고 있다고 과신하는 무신론에도 물러서지 않고 파스칼이 말한 그 공포에 맞설 수 있을 것이다. 내가 이 종교적 '불확실성의 원칙'을 연마하는 데 있어 이케다 회장을 포함한 불교인과의 대화는 특별히 나를 교육한다. 상호 간의 이러한 솔직한 대화는 나의 세계관이 수많은 세계관 중 하나일 뿐이라는 사실을 지속적으로 상기시키지만, 더욱 중요한 점은 이러한 다차원적 삶의 방식이 불가사의한 인생의 최종 해결책을 구하려고 애쓰는 것보다 훨씬 영적으로 성숙하다는 점을 상기시킨다는 것이다. 그러므로 나는 불교인이나 다른 종교의 길을 가고 있는 사람들, 열린 마음을 지닌 무신론자들을 경쟁자나 반대하는 사람으로 생각하지 않는다. 그들은 나와 함께 여행하는 벗이므로 나는 그들을 환영한다. 그리고 그들도 나를 환영해주기를 바란다.

독자들이 이케다 회장과 나의 흥미로운 대화의 문턱에 들어서려고 하는 시점에서 한 가지 중요한 점을 언급하고자 한다. 나는 기독교가 단지 하나의 '종교'가 아니라고 생각한다. 그렇기 때문에 나는 디트리히 본회퍼(Dietrich Bonhoeffer)와 같은 신학자들에게 매료되지 않을 수 없다. 그는 우리에게 "만일 긴 진화의 여정에서 우리가 지금처럼 '종교'라고 정의하는 그 종교가 사라진다면, 과연 예수는 어떤 형태의 메시지를 전하고자 할 것인가?" 상상해보라고 한다. 본회퍼가 말한 '복음에 대한 비종교적(non-religious) 해석'이란 것이 과연 존재할 수 있을까? 그가 한때 말한 것처럼 종교는 예수가 가르치고 증명하려 한 진실의 '외투'와 같다고 할 수 있을까?

우리는 지금 어떤 이의 표현에 따르면 종교가 다시 '유행하는' 시대에 살고 있다. 세속화는 오히려 감소하는 추세다. 따라서 본회퍼의 질문은 어쩌면 우리와는 다소 상관없을지 모른다. 그렇지만 나는 그의 질문을 놓아버릴 수 없다. 예수가 신의 왕국에 관해 이야기했을 때 예수는 단순한 '종교적' 대안보다 훨씬 포괄적인 무언가를 염두에 두고 있다고 나는 확신한다. 예수가 제자들에게 "이 왕국이 천국에서처럼 이 세상에도 이루어지도록 기도하라"고 가르쳤을 때 예수는 유대인들이 말하는 말쿠트 야훼(Malkuth Yahweh), 다시 말해 자유로운 인간 생활의 모든 범위를 포함하는, 평화롭고 풍요한 시대의 도래를 의미했다. 토머스 캄파넬라나 토머스 모어 같은 '유토피아' 작가들이 묘사하려고 한 것보다 더없이 포괄적인 그런 유토피아를 의미했다. 따라서 이케다 회장이 강조하는 '불법의 인간주의'를 나는 매우 긍정적으로 생각한다.

성경은 그 자체가 이미 종교를 초월한 실상을 암시하고 있다. 히브리어 구약성경에는 '종교'라는 단어가 없다. 그리고 신약성경 계시록에는 세상에 나타날 천국의 도시가 묘사되어 있는데, 거기에 '성전(聖殿)'은 없다. 그 이유는 아마 짐작하건대 신의 영(Spirit)은 모든 것에 스며들어 있기에 따로 독립된 '영적인' 혹은 '종교적인' 장소가 요구되지 않기 때문이다.

이러한 통찰력을 나는 매우 높이 평가한다. 왜냐하면 매우 중요한 의미에서 기독교인이 되기 위해 혹은 예수를 따르는 사람이나 그의 친구가 되기 위해 꼭 '종교적'일 필요는 없기 때문이다. 또한 '믿음(belief)'이나 '믿는 사람(believer)'이란 단어는 궁극적으로 신앙(faith) 문제에서 그 의의(意義)가 제한적이라는 나의 확신과 일관된다. 앞에서 언급했듯이 신앙에는 항상 의심과 불확실성 요소가 따라야 한다. 또한 나는 자신의 불신(non-belief, 不信)에 대해 의심이나 회의를 느낀다는 '불(不)신자'들을 많이 알고 있다.

우리는 지금 기독교 역사에서 새로운 시대에 들어서고 있어 세계관들과 대화가 필요하다는 점을 알고 있다. 삶의 방식(way)으로서 '신앙'이 '믿음'보다 훨씬 더 중요해지고 있다. 믿음과 신앙은 다르다. 믿음은 자아의 높은 인식층 근처를 맴돌면서 '왔다 갔다'를 반복한다. 어떤 날은 강하고, 어떤 날은 약하다. 그러나 신앙은 보다 깊은 측면에 놓여 있다. 신앙은 근본적인 삶의 방향(orientation)에 관한 문제다. 초기 기독교인은 자신들의 신앙을 '방식'이라고 말했다. 그러나 그리스 로마의 문화적 풍경을 거치는 여정에서 기독교는 점점 더 믿음들의 집합체와 동일시되어 교리화되었다. 꼭 그렇게 할 필요는 없었는데 말이다. 기독교는 전적으로 '믿음(belief)'을 너무나 강조한 나머지 이제는 '믿음을 초월'한 단계로 변화하고 있다고 나는 확신한다. 나의 신작(新作)《신앙의 미래》에서 나는 이 변화의 파동을 탐구해 보았다.

나는 이 책에서 수많은 종교 전통 사이에서 새롭게 일어나고 있는 대화가 나의 신앙에 커다란 도움이 되었다는 점을 밝히려고 하였다. 역사적으로 기독교는 지나칠 정도로 '믿음'을 강조해왔다. 그러나 불교는 다르다. 그리고 이 점이 바로 불교의 참된 강점이다. 그렇다고 우리 기독교인들이 우리의 신조(creed, 信條)를 버려야 한다는 뜻은 아니다. 오히려 앞으로 보다 나은 방법으로 신조를 이해해야 한다. 신조는 다른 사람들과 사이에 벽을 치기 위한 울타리가 아니다. 역사의 특정한 순간을 살아가는 기독교인 입장에서는 급진적으로 변화하는 문화적 환경에 비추어 자신의 신앙을 다시 고찰하기 위한 용맹한 도전으로 받아들여야 한다. 그러나 이제 우리는 또 다른 상황에 처해 있다. 지금 우리는 전례 없는 종교적, 문화적 다양성의 시대로 들어서는 한편, 기아 불평등 그리고 핵 재앙의 끔찍한 위협으로 분열된 지구촌 세계로 들어서고 있다. 하지만 그 세계는 동시에 새로운 약속과 가능성으로 넘치는 세계이기도 하다. 지금 세계는 모든 종교 전통들이 함께 고민해보아야 할 집단적 지혜가 필요하다. 이 책이 그 노력에 작은 보탬이 되었으면 한다. 지금 이 시대보다 더 살고 싶은 시대를 나는 떠올릴 수 없다.

서문

/

이케다 다이사쿠
池田大作

"한 인간으로서 세계를 이해한다는 것은 세계를 인간적인 것으로 환원하는 것, 세계에 인간이라는 표시를 남기는 것이다."

청년 시절부터 친숙한 작가 중 한 명인 알베르 카뮈의 잊을 수 없는 말이다. 우리는 얼마나 세계를 알고 있을까? 얼마나 타인의 존재를 느끼며 살아가고 있을까? 얼마나 같은 지구에서 생활하는 사람에게 마음을 준 적이 있는가?

인간의 역사는 오랫동안 저마다 민족이나 국가 또는 종교라는 이름 아래 편찬되고 전해져 왔다. 그런 '역사'에서는 자신들이 속한 집단이 늘 '세계'의 중심이고 마치 자기들이, 사회가 '세계 전체'인 듯이 묘사되는 경우도 적지 않았다.

거기서는 타인의 존재가 무시되고 관심 밖으로 쫓겨나고, 비록 언급되었다고 해도 편견이나 멸시하는 말로 뒤덮여 심한 적대감이나 증오로 향했다. 안타깝게도 이것은 결코 과거 이야기가 아니다. 교통수단과 통신기술의 눈부신 발달로 세계를 가로막는 지리적 장벽이 제거된 21세기 현대에도 볼 수 있는 현상이다. 오히려 경제의 세계화에 따른 왜곡이 다양한 형태로 확대되어 사람들 마음도 더욱 '내향적'으로 되고 마는 점이 우려된다.

세계화 시대의 역설이라고도 말할 수 있는 상황에서 종교학 연구의 제일인자로서 경고를 보낸 분이 하비 콕스 박사이다. 박사의 혜안은 예리하게 통찰했다.

"'기묘한 것, 낯선 것을 우선적으로 여긴다', 이것이 인류가 역사 속에서 기른 호신용 '지혜'일지도 모릅니다. 그러나 그것은 대부분 실제 사람과 사람의 교류, 이해의 결여에서 생긴 것입니다"라고 말이다.

나도 전적으로 동감한다. 박사가 적절한 표현으로 주의를 촉구하고 있듯이 그것은 어디까지나 자신의 몸을 지키는 것이라고 해도 타인에게는 생활이나 생명을 위협하는

'흉기'가 될 수도 있다는 것이다.

그 종착점은 20세기 많은 참극이 말한 대로다. 그것은 식민지 지배로 인한 철저한 억압과 일방적인 동화정책이다. 더 나아가 아파르트헤이트로 인한 가차없는 인종격리정책 그리고 '최종 해결'이라는 떳떳하지 못한 말로 민족 말살을 단행한 홀로코스트나 대량학살이 아닐까?

한편, 사회가 그러한 풍조에 휩쓸리려 할 때 결연히 '반대' 의견을 내는 사람에게는 늘 이단인이라는 낙인이 찍혔다. 콕스 박사가 존경하고 경애한 사람은 모두 그런 인물이기도 하다.

종교 간 융화를 외치다 흉탄에 쓰러진 인도 독립의 투사 간디를 비롯해 미국에서 공민권 운동을 펼치고자 일어선 킹 목사가 그렇다. 박사 자신은 이 책에 소개되어 있듯이 킹 목사와 우정을 맺고 동지로서 공민권 운동에 뛰어들어 평화적인 데모 행진에 참여했다는 이유로 체포되어 투옥된 경험이 있다.

우리 창가학회의 마키구치(牧口) 초대 회장과 그 제자 도다(戶田) 제2대 회장도 제2차 세계대전 당시 일본의 군국주의 파시즘 정책에 엄연히 대치한 결과, 함께 투옥되었다. 그 결과 일흔이 넘은 고령의 마키구치 회장은 옥중에서 일흔 세 살의 나이로 생을 마감했다.

도다 회장도 2년에 이르는 옥중생활로 건강이 매우 쇠약해졌다. 그러나 두 사람 모두 마지막까지 자신의 신념을 굽히지 않았다. 이 두 선사(先師)의 투쟁이 세계 평화를 희구하는 창가학회와 SGI 운동의 영원한 원점이 되었다.

나 또한 선사가 개척한 평화의 길을 계속 걸었다. 동서냉전으로 세계가 양분되고 나아가 중소 대립 격화라는 새로운 긴장이 고조된 1974년부터 1975년에 걸쳐 나는 중국과 소련 그리고 미국을 잇달아 방문했다.

이데올로기라는 두꺼운 벽을 부수고 '대화'의 다리를 놓아야 한다는 결심으로 일개 민간인의 처지에서 저우언라이 총리와 코시긴 총리, 키신저 국무장관 등과 솔직한 대화를 나누고 긴장 완화의 길을 찾았다. 이후 중국과 소련 이외에 여러 사회주의 국가에도 발걸음을 옮겨 상호 이해를 심화하고자 '문화 교류'와 '교육 교류'의 길을 한 걸음 또 한 걸음 걸어왔다.

동양의 잠언에 '낙숫물이 바위를 뚫는다'는 말이 있다. 많은 사람의 노력이 쌓여 무익한 냉전의 종결을 바라는 세계 민중의 마음의 수량이 높아지는 가운데 그토록 견고해 보이던 냉전 구조도 지금부터 20년 전에 마침내 무너졌다.

그러나 분단 위기가 사라진 냉전 이후에도 분쟁이나 내전이 이어져 민족 간, 종교 간 대립이 깊어지는 등 카오스의 어둠이 다시 세계를 뒤덮기 시작했다. 그 모습에서 작가 카뮈의 마음을 평생 사로잡은 고대 그리스의 '시시포스 신화'를 떠올린 사람도 분명 적지 않았을 것이다. 내가 박사와 만난 때는 전 세계가 그러한 새로운 카오스에 맞닥뜨리기 시작한 무렵이다.

1991년 9월, 하버드대학교 케네디 정치대학원의 초청을 받아 나는 '소프트 파워의 시대와 철학'을 주제로 강연했다. 그때 하버드대학교를 대표하는 많은 석학과 함께 참석해 마음 따뜻한 공감의 소리를 보내준 분이 바로 콕스 박사이다.

이듬해 신록이 눈부신 5월에 우리는 도쿄 소카대학교에서 친근하게 대화할 기회를 얻었다. 잠시 간담하는 동안, 화제는 자연히 냉전 후 세계를 둘러싼 과제 그리고 그것을 해결하기 위해 종교가 해야 할 역할로 이어졌다. 아주 짧은 시간에 다 말할 수 있는 주제가 아니었다. 회담을 마칠 때 나는 하버드대학교에서 다시 한 번 강연을 부탁한다는, '숙제'라고도 할 수 있는 박사의 요청을 받았다.

그 뒤 나름대로 진지하게 거듭 사색해 1년여 뒤(1993년 9월)에 '21세기 문명과 대승불교'를 주제로 강연했다. 회담 때 박사는 숙원 과제라고도 할 수 있는 기독교와 이슬람교의 융화를 도모하기 위해 불교가 '가교 역할'을 하기를 바라고 있었다. 그러한 기대도 있어 나는 두 번째 강연에서 '인간을 위한 종교' 관점에 바탕을 두고 이렇게 문제를 제기했다.

"다시금 종교의 시대를 부르짖는 지금, 과연 종교를 갖는 것이 인간을 강하게 하는지 약하게 하는지, 선하게 하는지 악하게 하는지, 현명하게 하는지 어리석게 하는지 그 판단을 그르치면 안 됩니다"라고 말이다.

강연을 하고 일주일 뒤, 인류가 맞닥뜨린 과제를 이겨내기 위한 문명 간 대화와 종교 간 대화를 추진하는 거점으로 하버드대학교 근처에 '보스턴21세기센터'를 개설했다. 참으로 감사하게도 콕스 박사는 지금까지 센터 활동에 다대한 지원과 협력을 보내주고 계신다. 이 자리를 빌려 창립자로서 깊이 감사드린다. 그러한 오랜 세월에 걸친 교류가 기연(機緣)이 되어 맺은 결실이 바로 이 대담집이다.

이 책에는 첫 만남 이후로 두 사람의 공통 관심사가 된 '평화와 공생의 지구사회를 구축하기 위한 종교의 역할'을 깊이 파고드는 동시에 박사가 킹 목사와 걸어온 인권 투쟁의 역사를 주고받으며 '비폭력' '물질주의의 폐해' '인터넷 사회의 공죄(功罪)' '핵 폐기' '대학 교육' 등 다방면에 걸친 주제를 둘러싼 대화가 담겨 있다.

이 책의 번역, 출판에 힘써주신 모든 관계자 여러분에게 진심으로 감사의 말씀을 드린다. 대담을 통해 가슴 깊이 남은 것은 박사가 현대 사회에 넓혀진 원리주의에 경종을 울리며 말씀하신 "계속 질문하는 한 우리는 완전한 인간으로 계속 있을 수 있다"는 말이다.

종교든, 민족적 신념이든 그것을 유일하고 절대적인 '답'으로 여겨 타인에게 일방적으로 강요하면 안 된다. 오히려 공유해야 할 것은 '질문'이다.

평화로운 사회를 구축하려면 어떻게 해야 좋은가? 민족과 종교의 차이를 뛰어넘어 모두 함께 인간으로서 서로 존엄성을 빛내는 세계를 향해 나아가려면 무엇이 필요한가?

이러한 '질문'을 공유하고 마음을 열어 대화하는 가운데 새로운 시대로 나아가는 길이 열린다. 그것이 이 책에 담긴 나와 박사의 메시지이다. 이번 발간으로 더 많은 독자, 특히 차대를 짊어질 청년들에게 이 메시지가 전해져 사색과 행동에 어떤 형태로든 도움이 되는 양식이 되기를 바란다.

목차

/

004

서문 – 하비 콕스HARVEY COX

014

서문 – 이케다 다이사쿠池田大作

024
제1장 종교 부흥의 시대를 맞아

056
제2장 비폭력이야말로 최고의 용기

086
제3장 물질주의의 환상을 넘어

108
제4장 인터넷 사회의 공죄(功罪)와 인간의 유대

132
제5장 문명을 잇는 평화를 향한 행동

152
제6장 생명 존엄과 핵 폐기를 위한 길

178
제7장 신시대의 종교 간 대화

200
제8장 지성의 창조와 대학 교육의 미래

232
각주

제1장

종교 부흥의 시대를 맞아

'종교 부흥의 시대'와 '마음을 연 대화'의 중요성

/

이케다 때가 무르익어 세계적으로 저명한 종교학자이신 콕스 박사와 이렇게 새로운 대담을 시작할 수 있어 진심으로 기쁩니다.

박사는 제가 하버드대학교에서 두 번째 강연(1993년)할 때, 강평도 해주셨습니다.

박사와 나눈 우정은 제 인생의 보물입니다.

콕스 당시 저는 하버드대학교 응용신학부 학부장이었는데, 이케다 국제창가학회(SGI)01 회장이 강연 주제로 '인간'과 '생사(生死)'의 의의를 언급해주셔서 무척 기뻤습니다.

'21세기 문명과 대승불교'를 주제로 한 강연이었지요. 하버드의 많은 학자는 바로 그런 주제를 바라며 기대하고 있었습니다.

이케다 황송합니다. 이미 서거하신 존 케네스 갤브레이스02 박사가 참석해주신 일도 잊을 수 없는 추억입니다.

인간의 '생사'라는 주제는 과학의 발전이나 생명윤리 문제 등과도 떼려야 뗄 수 없는 관계입니다. '정신의 황폐'가 우려되는 오늘날, 이전보다 더 중요한 의미를 갖습니다.

저는 이 '생사' 문제를 비롯해 평화와 종교를 축으로, 현대 세계가 직면한 여러 과제에 관해 박사와 함께 다각적으로 논하고 싶습니다.

하버드 강연에서 좀 더 깊이 파고들고 싶던 관점도 몇 가지 더 있습니다.

콕스 함께 대화합시다.

우리에게는 더 나은 미래를 창조하기 위해 다음 세대에 전하고 남겨야 할 의무가 있습니다.

이케다 하버드대학교에서 강연할 때 콕스 박사가 말씀하신 명언이 지금도 제 가슴에 깊이 남아 있습니다.

이케다 회장의 하버드대학교 강연(1993년)

"지금 인류는 '세속적(비종교적) 시대'의 종식을 맞이하려한다."

19세기 독일의 철학자 프리드리히 빌헬름 니체[03]는 '신은죽었다'고 선언했습니다. 현대 사회는 종교를 '비과학적인것' '인간을 위축시키는 것'으로 여겨 피하려는 경향이 있다고 해도 과언이 아닙니다.

그러나 현대의 과학 만능주의나 물질 지상주의는 인간 정신의 공동화(空洞化)와 살벌한 다툼의 세계를 초래했습니다.

이러한 가운데 미국에서 보수 성향의 기독교 신앙이 활성화되고 이슬람교가 여러 운동을 전개하는 등 세계 각지에서 종교가 영향력을 강화해 존재감을 키우고 있습니다.

콕스 맞습니다.

이케다 회장의 강연을 강평할 때 저는 니체의 말과 반대로 '신은 아직 죽지 않았다'는 말을 하고 싶다고 논했습니다.

저는 '종교 부흥의 시대'를 환영합니다. 다만 종교는 '약'이 되기도 하고 '독'이 될 수도 있습니다. 종교는 사람들의시야를 넓혀 세상을 전체적으로 보게 할 수도 있지만, 동시에 폐쇄적이고 배타적인 견해도 낳습니다.

그래서 저는 '대화'가 중요하다고 생각합니다.

이케다 정말 그렇습니다.

박사와 그러한 '대화'를 거듭 나눌 수 있어 기쁩니다.

다년간 우리 SGI가 추진한 평화·문화·교육 운동을 깊이 이해해주셔서 다시 한 번 깊이 감사드립니다.

'마음을 연 대화'가 아니면 결국 '독선'이 되고 맙니다. 독불장군처럼 타인을 돌아보지 않는 종교는 인간의 행복은커녕 '분쟁'과 '불행'을 낳는 원인이 될 우려마저 안고 있습니다.

그것은 종교뿐 아니라 서로 다른 문화, 민족, 국가 간에도 마찬가지라고 할 수 있습니다.

대화가 없으면 서로 마찰이 생겨 충돌합니다. '문명의 충돌'이라는 말도 하버드대학교에서 나온 말이더군요.

지금이야말로 '문명 간 대화'를 추진할 '최선의 기회'

/

콕스 맞습니다. 이번 대담에서 먼저 말씀드리고 싶은 점인데, 하버드대학교에서는 지금 누구나 새뮤얼 헌팅턴[04] 교수의 논문에서 시작된 '문명의 충돌'이라는 개념이 만든 그림자를 느끼고 있습니다.

이케다 헌팅턴 교수가 잡지 〈포린 어페어스〉[05]에 '문명의 충돌?'이라는 제목으로 논문을 게재한 때는 1993년입니다. 이후 세계적인 논의를 일으켰습니다.

말씀하신 대로 '문명의 충돌'이라는 개념이 아직도 사람들 마음에 커다란 그림자를 드리우고 있다는 데 현대 사회가 직면한 문제의 심각성이 있습니다.

세계 각지에서는 서로 다른 민족이나 종교 간 분쟁이 빈번히 일어나고 더 격렬해지고 있는데, 이러한 사태가 사람들을 더욱 불안하게 만든다는 점은 부정할 수 없습니다.

콕스 예. 다만 저는 인류가 장래 '문명의 충돌'을 겪을 운명에 처해 있다고는 생각하지 않습니다.

저는 특히 헌팅턴 교수가 '문명의 충돌'을 일으키는 중심에 '종교'가 있다고 본 점이 우려됩니다.

즉, 유대교, 기독교, 이슬람교, 셈족계[06](히브리계) 종교, 힌두교 등에 의해 각 문명이 충돌한다고 보는 점입니다.

그러나 저는 그렇지 않다고 생각합니다. 아니 그렇지 않을 뿐 아니라 사람들에게 불필요한 공포심과 불안감을 조장하고 있습니다.

이케다 저도 콕스 박사의 견해에 찬성합니다.

'문명의 충돌'론에 관해서는 이란 출신의 평화학자 마지드 테헤라니안[07] 박사와도 대화했습니다.

서로 다른 '문명'과 '문명'이 충돌한다는 사고방식은 국제사회에서 일어나는 분쟁의 진짜 이유를 감추는 꼴이 됩니다. 뿐만 아니라 절대 서로 이해할 수 없는 '가상의 적'을 낳을 수도 있습니다.

이러한 예단은 사람들의 편견을 조장해 새로운 분쟁의 불씨를 초래하는 악순환을 낳을 뿐입니다.

콕스 맞습니다.

모하마드 하타미[08] 이란 전 대통령은 일전에 유엔에서 연설할 때 "우리에게는 '문명의 충돌'이 아니라 '다른 문화와 대화'가 필요하다"고 주장했습니다.

저는 현대 세계에 대한 역사를 인식하는 데 '문명의 충돌'이 불가피한 시대에 들어선 것이 아니라 오히려 지금이야말로 진정한 '문명 간 대화'를 추진할 수 있는, 인류 역사상 이

제껏 없던 '최고의 기회'라고 생각합니다.

우리는 그 실현을 위해 대화할 기회를 만들고 자리를 마련해, 그 대화에 사람들을 초대해야 합니다.

이케다 전적으로 동감합니다. 문화나 언어가 다른 사람들이 이제껏 없던 속도로 만나 교류하고 영향을 미치는 글로벌 시대이기에 '대화'의 의의는 더욱 커지고 있다고 할 수 있습니다.

하타미 전 이란 대통령은 자신의 저서에서 이렇게 말했습니다.

"대화는 진리에 도달해 타자를 이해하기 위한 방법이다."
"'문명 간 대화'를 입에 올리는 사람은 지혜의 가치를 인식하는 사람이자 지혜에 입각한 이성(理性)을 인생의 기초에 두는 사람이다."09

테러든, 민족 분쟁이든 그 근저에 '문명의 충돌'이 있는 것이 아닙니다. 인간의 '분노'와 '이기주의', 나아가 인간 생명에 내재한 '야만성'이 충돌하는 것입니다.

그것을 편협한 민족주의나 광신적 원리주의 사상으로 포장하고 있다고 생각합니다.

콕스 저는 이케다 회장과 나누는 이번 대담을 현대가 요구하는 '문명 간 대화'의 일례라고 생각합니다.

지금 인류는 모든 단계에서 이러한 대화가 필요합니다. 이러한 대화가 단순히 대학교수나 회장의 위치에 있는 사람들만 나누는 특별한 대화에 그치면 안 됩니다.

우리에게 필요한 것은 이러한 대화가 모든 곳에서 진행되는 일입니다.

이케다 동감합니다. 21세기를 '대화의 문화' '대화의 문명'이 꽃피는 시대로 하고 싶다, 이것이 이번 대담에 기대하는 제 바람입니다.

'같은 인간으로서 느끼는 온기와 공감'을 나누다

/

콕스 다행스럽게도 최근에는 이주민 형태나 해외여행도 다양해져, 여러 형태로 인적 교류가 가능해졌습니다.

저는 의견 교환이나 문화 교류를 할 수 있는 가장 좋은 장소는 세미나실과 같은 곳이 아니라 카페와 같은 곳이라고 생각합니다.

가정을 비롯해 직장, 대학 내 연구실, 여행지 등 형식에 구애받지 않는 곳에서 사람들과 교류할 때 비로소 가능해집니다.

이케다 확실히 형식에 얽매이지 않는 '마음을 연 대화'야말로 대화의 백미이겠지요. 대화할 때 흉금을 터놓고 인간다운 따뜻한 마음을 생기발랄하게 교류하는 것이 가장 중요합니다.

문화적 배경이나 인종이 다르더라도 인간은 누구에게나 사랑하는 가족과 우인이 있습니다. 같은 인간으로서 생로병사에 직면해 때로는 고뇌하고 때로는 기뻐하면서 인생을 살아갑니다. 이러한 '같은 인간으로서 느끼는 온기와 공감'을 함께 나누는 것이 대화입니다.

콕스 인간은 누구나 적어도 처음에는 자신 이외의 사람에게 의심이나 불안을 품는 경향이 있습니다.

각자 다른 문화, 다른 언어, 다른 종교, 다른 경제 유형 속에서 생활하기 때문에 처음 만나는 상대는 누구나 이상하게 보이기 마련입니다.

또 이것은 생물의 진화와 연관이 있을지도 모르지만, 보통 사람들은 서로 처음 만나면 '저 사람은 누구지?' 하고 먼저 경계하는 것이 당연한 반응입니다.

이케다 맞습니다. 아무리 머리로 '모든 사람은 평등하다'고 이해해도 막상 자신과 다른 사람을 만나면 때로는 두려운 마음이 생기는 법입니다.

콕스 그 경계심은 곧바로, 우리가 영어에서 말하는 제노포비아(외국인 공포증)로 바뀝니다. 여기서 우리는 대응 수단을 강구하지 않으면 안 됩니다.

단순히 '그것은 좋지 않다, 그렇게 하면 안 된다'는 식으로 말하기만 하면 안 됩니다.

그것을 위해 손쓰고, 다른 문화와 교류하거나 대화할 기회를 가질 수 있도록 대책을 강구해야 합니다. 그저 희망하기만 하면 안 됩니다.

이케다 중요한 점은 그러한 교류나 대화를 현실 사회에서 어떻게 실천하느냐군요.

콕스 예. 저는 이번에 이케다 회장과 대화할 기회를 갖게 되어 정말 감사한 마음입니다.

회장은 헤아릴 수 없이 많은 세계의 지식인과 거듭 대화하셨습니다. 또 그러한 대담을 출판물로 정리해 적극적으로 세상에 내놓으셨습니다. 덕분에 우리는 그것들을 서적으로 읽을 수 있습니다.

또 이케다 회장은 이러한 형태의 교류를 소카대학교에도 장려하고 계십니다. 하버드대학교처럼 소카대학교도 대화나 교류를 활발히 추진해 중심적인 위치를 차지하고 있습니다.

저는 이러한 대화의 촉진이야말로 대학이 내걸어야 할 커다란 목표라고 생각합니다. 작은 공헌일지 모르지만 저도 이 대화에 참여하게 되어 기쁩니다.

이케다 따뜻한 말씀, 감사합니다.

지금으로부터 30여 년 전, 역사학자 아널드 토인비[10] 박사와 대담할 때 박사가 이렇게 말씀하셨습니다.

"인류의 길을 여는 것은 대화밖에 없습니다. 당신은 아직 젊습니다. 앞으로도 세계의 지성들과 대화를 나눠주세요."

저는 토인비 박사와 한 약속을 가슴에 품고 세계의 지식인과 대화를 전개했습니다.

콕스 박사는 세계적으로 저명하신 신학자입니다. 저는

불법자(佛法者)입니다. 종교적 문화적 배경도, 태어난 국가도, 환경도 다릅니다. 그러나 우리는 모두 인간의 행복과 세계 평화를 추구합니다.

우리 대화가 인류의 앞날에 조금이라도 유익하기를 진심으로 염원합니다.

콕스 저도 바라는 바입니다.

제2차 세계대전을 경험한 소년 시절

이케다 콕스 박사는 1929년생이시지요. 저는 1928년생이라 거의 비슷한 연배입니다.

태어난 고향은 어디십니까?

콕스 제 고향은 펜실베이니아주11 맬번이라는 곳으로, 도보로 아주 가까운 곳에 숲과 목초지가 있어 말을 사육하는 작은 시골 마을입니다.

우리 마을에서 필라델피아까지는 거의 22마일(약 35킬로미터)이라 당시 어린 제게 그 거리는 무척 멀게 느껴졌습니다. 그래서 저는 자연을 사랑하는 마음을 품고 자랐습니다.

이케다 깊은 추억을 만들고, 자연과 유익한 대화를 나누는 나날이었겠군요.

콕스 이케다 회장은 바닷가 근처에서 소년 시절을 보내셨다고 들었습니다.

이케다 예. 저는 도쿄만이 보이는 도쿄 오타에서 태어나 자랐습니다. 당시 오타의 바다는 아직 깨끗하고 풍부한 자연이 남아 있는 한가로운 곳이었습니다.

콕스 자연이라고 하면 이케다 회장이 사계절을 그때그때 촬영하신 사진집《자연과의 대화》가 떠오릅니다.

저는 회장이 찍으신 사진을 보는 것이 즐겁습니다. 꽃과 나무들의 우아함이 멋지게 전해지는데 그것은 자연을 사랑하는 회장의 깊은 애정이 담겨 있기 때문이라고 생각합니다.

이케다 황송합니다. 저는 프로 사진작가가 아닙니다. 지인이 기분을 전환해보라며 카메라를 선물한 것이 계기였습니다. 일하는 짬짬이, 이동하는 차 안에서 마음에 비친 곳곳의 풍경이나 자연을 카메라에 담았습니다.

그때그때 찍은 사진은 회원들의 강한 요청으로 각지에 있는 창가학회 회관에도 걸리게 되었습니다. '그림'이면 힘들겠지만, 사진이면 쉽게 장식할 수 있습니다. 그곳은 세계로 열린 '창문'이 됩니다. 이 창문을 통해 조금이라도 대자연이 뽐내는 예술을 즐기고 세계의 바람이나 빛을 느끼시기를 바라고 있습니다.

　그런데 박사의 아버님은 어떤 분이셨습니까?

콕스 저희 아버지는 페인트 도장이나 실내 벽지, 가옥 장식 등을 하는 작은 사업을 운영했습니다. 그렇지만 아버지가 그러한 작업에 직접 관계한 것은 아니고 기술자를 고용해 운영하는 방식이었고, 당신은 주로 계약이나 수금을 했습니다. 그러다 제가 자란 작은 시골 마을에서 집수리 용품을 판매했습니다.

이케다 저희 집은 김 양식업을 운영했습니다. 한때는 아버지 사업도 번성해 많은 사람을 고용하기도 했지만 간토 대지진으로 큰 타격을 입었습니다. 후에 생계를 책임지던 형들 네 명이 전쟁터로 나가고 아버지가 류머티즘에 걸려, 사업은 기울고 이윽고 집안도 어려워졌습니다.

콕스 저도 회장처럼 대공황[12]과 제2차 세계대전이라는 격동 속에 소년 시절을 보냈습니다.

전쟁이 시작되자 세상은 전쟁 특수로 많은 상점이 번성했습니다. 그러나 아버지의 가게는 경영 부진에 빠졌습니다. 그 이유는 페인트가 군함과 전차의 도장용으로 쓰여 구하기 어려워졌기 때문입니다.

또 다른 이유는 유능한 기술자들이 모두 군대에 징용되어 일손을 조달할 수 없었기 때문입니다. 이러한 이유로 사업은 힘들어지고 마침내 가족을 부양하는 일조차 어려워졌습니다. 아버지는 자존심에 깊은 상처를 입고 정말 힘들어하셨습니다.

이케다 전쟁은 몇 백만, 몇 천만이나 되는 가정에서 더없이 소중한 행복을 앗아갔습니다. 저희 아버지도 자식 넷을 군대에 빼앗기고 얼마나 낙담하셨는지 모릅니다.

큰형은 스물아홉 살에 버마(현재 미얀마)에서 전사했습니다. 그 부고를 받았을 때 어머니의 비통한 표정을 평생 잊을 수 없습니다.

콕스 부모님 심정을 이해합니다.

아버지는 얼마 뒤 큰 회사에서 일하기 시작했습니다. 그곳은 와이어스 래버러토리스[13]라는 회사였습니다. 이 회사

열세 살 무렵 콕스 박사(맨 왼쪽),
박사의 아버지, 형제와 함께(1942년)

는 이후 페니실린[14]을 제조한 제약회사입니다.

이 회사에서도 아버지는 지금까지 해오던 것과 비슷한 업무를 맡았습니다. 즉, 운송 부문 관리를 담당해 제품의 반출과 반입 상태를 확인하고, 운송을 위한 운전기사나 현장 관리자의 고용과 해고 등을 담당하는 일이었습니다.

아버지는 그런 일에 익숙했기 때문에 좋은 상사로서 존경을 받았습니다.

열일고여덟 무렵에 저도 그곳에서 몇 년 동안 일을 도왔습니다. 주로 트럭 조수로 짐을 올리거나 내리고 차에 기름을 넣는 일을 했습니다. 이렇게 실제로 일한 것이 제게는 좋은 경험이었습니다.

이케다 귀중한 경험을 하셨군요. 저도 소년 시절, 신문배달을 한 일이 지금도 힘이 되고 있다고 생각합니다.

또 전쟁이 격렬해지면서 군수물자 등을 생산하는 철공소에서 일했습니다. 금속 가공이나 선반 작업 등을 했는데 확실히 그런 경험이 결코 헛되지 않았습니다.

다만 저는 폐병을 앓기도 하고 식량도 부족해, 군국주의라는 어두운 분위기에 휩싸인 전쟁 중의 생활이 몹시 괴로였습니다.

콕스 정말 고생하셨군요. 어쨌든 제 경험에서 말씀드리면, 아이들에게 근로 경험이 전혀 없는 것은 좋지 않다고 생각합니다.

아이들도 일을 하면 책임감이 몸에 뱁니다. 즉, 어떤 일을 시작해 목표에 도달하는 법을 배우고 일을 어떻게 달성하느냐를 몸에 익히게 됩니다.

훌륭히 완수하면 칭찬받고 실패하면 비난을 받습니다.

이케다 잘 알고 있습니다. 창가교육(創價教育)의 창시자 마키구치 쓰네사부로(牧口常三郎)[15] 초대 회장은 이미 1세기 이전에 반일학교제도[16]를 주장했습니다. 절반은 학교에서 공부하고 나머지 절반은 일하는 가운데 인생의 소중한 것을 배울 수 있다고 주장했습니다.

아버지와의 추억 – 깊은 자애와 전쟁에 대한 분노

/

콕스 중요한 점입니다.

지금 생각하면 좋은 추억이지만, 어느 날 저는 처음으로 책임 있는 일을 맡아 트럭을 후진으로 차고에 넣는 일을 했습니다.

저는 충분히 주의했다고 생각했는데 트럭 모서리가 긁혀 다른 운전기사들에게 크게 비웃음을 당했습니다. 저는 매우 의기소침해졌습니다. 나중에 이 일을 아버지에게 말씀드리고 '이제 그만두어야겠어요'라고 말했습니다.

그러자 아버지가 이렇게 말씀하셨습니다.

"뭐라고? 힘을 내렴. 다른 사람들은 그런 실패를 겪지 않았다고 생각하니? 누구나 겪는단다. 다음부터 잘하면 된단다."

아버지가 말씀하신 대로였습니다.

이케다 훌륭한 아버님이십니다.

실패를 혼내거나 나무라기는 쉽습니다. 그러나 그렇게 하면 아이는 위축되고 자신감을 잃고 맙니다.

토머스 에디슨[17]이 만 번 넘게 실패했어도 실패라고 생각하지 않고 포기하지 않아 백열전구를 발명한 일은 역사적으로도 유명합니다.

아버님 말씀은 간단해 보여도 실은 깊은 인생 철학이 빛나고 있습니다.

콕스 이윽고 저는 대학에 진학했습니다.

아버지는 기쁜 마음으로 저를 대학에 보내주셨습니다. 만약 아버지가 할아버지에게 물려받은 가업을 계속하셨다면 아마 저나 동생에게 물려주려고 하셨을 것입니다.

그러나 이미 그 가업은 전쟁이 끝난 뒤 폐업해 아버지는 조금 전에 말씀드린 큰 회사에서 일하셨습니다.

저는 펜실베이니아대학교에 진학했습니다. 이 대학에서 저는 철학을 비롯해 윤리학, 국제관계론, 종교학 그리고 특히 역사에 흥미가 많았습니다.

이후 예일대학교에서 공부한 뒤 하버드대학교에 진학해 현재의 종교학 분야에 입문했습니다.

이케다 아버님은 박사의 최대 이해자이셨군요.

콕스 예. 돌이켜보면 저는 아버지에게서 많은 것을 배웠습니다.

하나는 자녀 교육법입니다. 자녀를 따뜻하게 지켜보고 때로는 조언과 상담에 응하며 무엇이 옳고 그른지 가르치고 자유롭게 해준다, 그렇게 자녀를 대하는 법을 배웠다고 생각합니다.

제가 고등학교를 졸업하기 전인 열일곱 살 때 일입니다.

저는 상선에서 일하고 싶어서 아버지에게 상의했습니다. 무엇보다 아직 고등학교를 졸업하기 전이었습니다. 그런데 아버지는 "네가 원한다면 좋다"고 말씀하셨습니다.

만약 제가 아버지였다면 과연 열일곱 살 소년을 허락해주었을까 하는 생각이 듭니다.

그것은 아버지가 기대하시는 '이제 너는 스스로 결정해도 좋을 나이다. 책임지고 그렇게 하라'는 신뢰의 표현이었습니다. 저는 생각대로 행동할 수 있었습니다.

이케다 박사가 열일곱 살 때면 전쟁이 끝난 직후군요. 미국에서도 쉽게 해외여행을 할 수 있는 시대가 아니었겠지요.

아버님도 내심 무척 걱정하셨을 것입니다.

콕스 확실히 아버지로서는 매우 관대한 결단이었다고 생각합니다. "뭐라고? 아직 열일곱 살이잖아!"라고 말할 수도 있었겠지요.

여하튼 아버지는 배 여행을 허락해주셨습니다. 그 여행은 제게 큰 경험이 되었습니다. 그저 상선을 타고 유럽에 가는 것이었지만, 저는 배를 타고 여름을 두 번이나 보내며 계속 여행했습니다.

열일곱 살 때 상선에서 말을 돌보는 콕스 박사(1946년)

이케다 청춘 시절의 위대한 항해였군요.

제가 아버지 일로 떠오르는 추억은 전쟁 중에 부모님 몰래 '소년항공병'[18]을 지원했을 때입니다.

당시는 군국주의 교육의 영향으로 저도 '기왕이면 나라를 위해 일하고 싶다'고 순수하게 생각했습니다. 그런 시대였습니다.

그러나 집에 찾아온 해군 담당자를 보고 아버지는 화를 내며 돌려보냈습니다.

"우리 집은 아들을 셋이나 군대에 보냈다. 곧 넷째도 간다. 그런데 다섯째까지 데려갈 셈이냐! 충분히 데려갈 만큼 데려갔다!"

저도 무척 혼났습니다. 그렇게 혼난 적은 이전에도 이후에도 없었습니다. 평소에는 과묵한 아버지의 속마음을 엿본 기분이었습니다. 자식을 죽게 내버려둘 수 없다는 강한 마음을 느꼈습니다.

록스 전쟁에 대한 아버님의 분노와 가족에 대한 깊은 애정이 느껴집니다.

부모님에게 물려받은 희망과 평화 정신

/

이케다 박사의 어머님은 어떤 분이셨습니까?

콕스 우리 어머니는 매우 똑 부러지고 마음이 따뜻한 매력적인 여성이었습니다. 전업주부로 바깥일은 하지 않았습니다.

제게는 남동생과 여동생이 셋이나 있어서 어머니가 집에서 해야 할 일이 무척 많았습니다.

게다가 우리 마을에는 어머니 쪽 형제자매도 살고 있어 외사촌들도 있었기 때문에 우리 집은 늘 사촌이나 삼촌 등 친척들로 넘쳤습니다.

또 어머니는 외삼촌이나 이모들의 상담을 받아 정리해주는 역할을 했습니다. 어떠한 일도 망설이거나 머뭇거리지 않고 단도직입적으로 말씀하셨습니다. 그래서 조금 퉁명스럽다고 여겨지기도 했지만 결코 상대를 타박하는 듯한 말투는 아니었습니다.

이케다 어머님의 행동을 바로 눈앞에 떠올리듯 말씀하시는 박사에게서 깊은 애정과 감사의 마음이 느껴집니다.

저희 어머니도 심지가 강한 여성이었습니다. 잊을 수 없습니다. 1945년, 전쟁이 끝난 해의 일입니다. 이제 막 이사한 집이 소이탄을 직격으로 맞아 전부 불타고 말았습니다. 불타는 집에서 필사적으로 옮긴 유일한 가재도구가 '히나 인형'이었습니다.

불탄 자리에서 가족이 망연자실해하자 어머니가 불쑥 이렇게 말씀하셨습니다.

"이 히나 인형을 장식할 수 있는 집에서 반드시 살게 될 거야."

이 한마디에 모두 희망을 가졌습니다.

콕스 감동적인 이야기입니다. 동시에 전쟁에 대한 회장의 깊은 분노가 느껴집니다.

저도 지금까지 베트남전쟁 반대운동[19] 등에 참가한 사람으로서 그 진심에 깊이 공명합니다.

저희 아버지 쪽 집안은 오랜 전통의 퀘이커 교도[20]였습니다. 아버지는 퀘이커가 아니었지만 폭력에 대해서는 상당히 강한 반감을 품고 있었습니다.

어머니 쪽 집안도 비슷한 종교운동, 즉 전쟁을 반대하는 메노파[21]의 영향을 받은 감리교파[22] 출신이었습니다.

그래서 저는 부모님에게서 일종의 전쟁 혐오 기질을 물려받았습니다.

이케다 퀘이커 사상은 절대적 평화주의와 비폭력주의가 특징이더군요. 제가 대담한 '평화 연구의 어머니' 엘리스 볼딩[23] 박사도 퀘이커 교도였습니다. 콕스 박사의 고향인 펜실베이니아주와 그 주요 도시 중 하나인 필라델피아가 퀘이커 교도인 윌리엄 펜[24]이 중심이 되어 신교의 자유와 평화 이념을 바탕으로 건설된 사실은 유명합니다.

어머니 집안인 감리교 신자도 많은 사회문제에 깊은 관심을 갖고 평등한 교육과 노예제도의 폐지, 빈곤한 사람들의 원조 등을 위해 활동한 것으로 알려져 있습니다.

콕스 예. 그러한 배경도 있을 것입니다. 저희 아버지, 어머니도 군인을 몹시 싫어하셨습니다. 어느 정도였냐 하면 군인을 경멸하고 비웃기까지 했습니다.

예를 들어 "저 패거리들은 뭐가 좋아서 저렇게 군복을 각잡아서 입고 행진 따위를 하는 거지?"라는 식이었습니다.

부모님에게는 군인들의 행동이 바보 같아 보였나 봅니다. "저렇게 마을에서 드럼을 치며 행진하다니, 뭐가 잘났다고. 그것도 보란 듯이!" 하고 말씀하셨습니다.

또 두 분 다 국교(國敎) 등 체제적인 종교에 대해서도 회의적이었습니다. 우리 가족은 그다지 믿음이 깊지 않고 교회도 열심히 다니지 않았지만 아버지와 어머니는 기독교 윤리를 믿으셨습니다. 그래서 가끔 교회에 가기도 했습니다.

부모님은 특히 상위 성직자나 교회를 돈벌이 수단으로 여기는 사람들 또 종교관이 너무 엄격하고 도량이 좁은 사람들에게는 회의적인 시선으로 "더 넓은 마음을 갖고 관대해졌으면 한다"고 자주 말했습니다.

스승에게 의탁 받은 이념을 실현하기 위한 도전

/

이케다 깊은 양식과 강한 신념을 소유한 부모님이셨군요. 그럼 마음에 남는 '은사와의 만남'이 있으셨습니까?

콕스 저는 하버드에 진학한 뒤 故 제임스 루터 애덤스[25] 교수 밑에서 공부했습니다.

애덤스 교수는 이미 돌아가셨지만 정말 친절하고 잘 돌봐주는 훌륭한 교수였습니다. 매우 배려가 깊고 마음 씀씀이가 따뜻한 사람으로 저를 위해 여러 가지로 힘써주셨습니다. 제게 교수는 은사이자 학문 분야에서 성장의 원천이었습니다.

이후 저는 폴 틸리히[26] 교수 밑에서 연구를 계속했습니다. 저는 교수를 존경해 많은 것을 배웠는데, 스승이라기보다 오히려 지적 계발의 원천이었습니다. 어느 면에서는 비평가이자 한편으로는 지원자였습니다.

이케다 저는 열아홉 살 때 스승인 도다 조세이(戶田城聖)[27] 제2대 회장을 만나 창가학회에 입회했습니다.

도다 회장은 제2차 세계대전 때 군국주의에 대항해 마키구치 초대 회장과 함께 감옥에 들어갔습니다. 마키구치 회장이 옥사한 뒤 살아서 감옥을 나온 도다 회장은 학회 재건을 위해 홀로 분투하셨습니다.

도다 회장에게서 불법(佛法)은 물론이고 만반에 걸친 학문과 미래에 대한 구상 등 모든 것을 배웠습니다.

콕스 잘 알고 있습니다.

이케다 세계의 지성과 대화하고 평화에 대한 방도를 탐구하는 일 또한 도다 회장의 가르침이었습니다. 은사는 이미

1950년대부터 '지구 민족주의'[28]를 주장하셨습니다. '모든 인류는 하나의 민족이자 운명 공동체'라는 발상은 당시 일본에는 별로 없었습니다.

제가 설립한 '도다기념국제평화연구소'[29]는 은사의 이념을 실현하기 위해 문명 간 대화에 적극적으로 힘쓰고 있습니다.

콕스 박사와 나누는 대담도 제게는 스승에게서 의탁 받은 이념을 실현하기 위한 도전입니다.

다음 장에서는 박사의 사상과 인생에 커다란 영향을 미친 비폭력 사상 그리고 맹우인 마틴 루터 킹[30] 박사와의 만남에 관해 여쭙고 싶습니다.

제2장

비폭력이야말로 최고의 용기

공민권 운동의 지도자 킹 박사와 만남

/

이케다 진실한 동지와 함께 신념에 찬 투쟁을 관철한 인생만큼 장엄한 드라마는 없습니다. 정의와 인권을 위해 투쟁한 불멸의 역사는 위대합니다. 콕스 박사는 미국 공민권 운동01의 지도자 마틴 루터 킹 박사와 함께 숭고한 사명을 완수하셨습니다.

콕스 박사와 킹 박사는 1929년생으로 동년배입니다. 두 분은 지금으로부터 반세기 전에 만나셨다고 들었습니다.

콕스 예. 킹 박사가 앨라배마주 몽고메리시에서 '버스 보이콧 운동'02을 시작한 직후인 1956년입니다.

이케다 어디서 처음 만나셨습니까?

콕스 킹 박사와 처음 만난 곳은 테네시주 내슈빌시입니다. 저는 그해 여름, 밴더빌트대학교에서 여름학기 수업으로 '신학'과 '독일어'를 배울 생각이었습니다.

저는 전부터 남부에 있는 대학에 가고 싶었습니다. 그리고 가능하다면 남부에서 인종 간의 '차별 철폐'에 관한 일을 하고 싶었습니다. 그해 여름 킹 박사가 밴더빌트대학교에 강연차 오셔서, 저는 박사의 강연을 들으러 갔습니다.

당시는 킹 박사가 버스 보이콧 운동을 지휘하기 시작한 때로 지금만큼 유명하지는 않았지만 그 명성은 이미 자자했습니다.

이케다 그야말로 미국 공민권 운동이 킹 박사의 리더십으로 크게 파동 치기 시작한 시기군요.

그 역사적인 때에 맞추어 두 분이 만난 것에 불가사의한 연(緣)이 느껴집니다.

콕스 그렇습니다. 처음 만나고 얼마 지나지 않아 킹 박사와 개인적으로 만났는데 우리 두 사람에게는 몇 가지 공통점이 있었습니다.

침례교도 교회의 젊은 목사 시절의 콕스 박사(1950년대)

그것은 바로 같은 해에 태어난 점과 침례교[03] 목사를 목표로 공부했다는 점입니다. 그리고 폴 틸리히의 신학 연구에 관심이 있어 지적 관심 분야도 비슷했습니다.

이케다 폴 틸리히 박사는 독일 출신의 저명한 신학자로, 콕스 박사도 이 교수에게 배우셨지요.

두 분이 우인이자 인권 투사로서 그리고 지적으로도, 정신적으로도 깊이 공감하신 이유를 잘 알겠습니다.

콕스 그 무렵 킹 박사가 제게 한 말을 잊지 못합니다.

"사실 나는 신학이나 종교학 교수가 되고 싶었다. 그런데 아버지가 '그 전에 지방에 있는 교회의 목사가 되어 밑바닥부터 공부하는 편이 좋다'고 말씀하셨다.

그래서 나는 몽고메리로 가서 흑인 침례교 목사가 되었다. 하지만 나는 마음속 깊이 언젠가 신학 교수가 되어 생애를 바치고 싶다고 생각하고 있다."

그러나 그에게 그런 기회는 오지 않았습니다.

이케다 킹 박사를 대신해 콕스 박사가 학문의 길을 걸어 신학과 종교학 분야에서 세계적인 업적을 남기셨군요.

박사의 이러한 활약을 킹 박사도 틀림없이 진심으로 기뻐

하실 것입니다.

콕스 감사합니다.

인권 투쟁 참여와 부당한 체포, 투옥

이케다 콕스 박사는 어떤 계기로 인권 투쟁에 참여하셨습니까?

콕스 제가 나고 자란 곳은 펜실베이니아주에 있는 맬번이라는 작은 마을로 그곳에는 흑인들이 모여 사는 곳이 있었습니다.

마을 자체가 워낙 작은 데다 흑인들만 다니는 학교가 따로 없어 모두 같은 학교에 다녔습니다.

저는 이미 1930년대부터 차별 없는 학교에서 자라 인종의 구분 없이 반 아이들을 사귀고 친구가 되었습니다. 이윽고 성장하면서 그들이 직업이나 교육 면에서도, 그 외에 다른 면에서도 여러 차별을 받는다는 사실을 알았습니다.

저는 '이것은 잘못되었다. 모두 평등하다. 평등한 기회를 부여해야 한다'고 생각했습니다.

몇몇 흑인 친구들은 매우 우수했습니다. 그중에는 어느 누구보다 뛰어난 학생도 있었습니다. 하지만 인종차별이라는 벽이 늘 그들을 가로막았습니다.

이윽고 대학에 진학할 때 차별에 대한 의문이 더욱 강해져, 점차 이 문제에 무언가 도움이 되고 싶다는 신념으로 바뀌었습니다.

그리고 인종 간의 화해를 위해 도움이 되고자 교사가 아닌 목사가 되고 싶었습니다.

이케다 고귀한 결의이십니다. 사람은 나이가 들면서 청소년 시절에 품은 청정한 마음을 잃기 마련입니다.

그러나 박사는 소년 시절부터 품은 존귀한 '뜻'을 관철해 사회의 악이나 차별에 맞서 목소리를 내고 감연히 투쟁하셨습니다. 그 숭고한 신념에 깊은 경의를 표합니다.

박사의 공민권 운동 투쟁도, 종교학자로서 걸은 학구의 길도 그 연장선상이었군요.

킹 박사와 맺은 우정도 평생 변함없었다고 들었습니다.

콕스 예. 저와 킹 박사의 우정은 그가 1968년 암살당할 때까지 이어졌습니다.

당시 저는 그와 자주 만났습니다. 저는 '남부기독교지도자회의'[04]에도 여러 번 참석했는데, 한번은 킹 박사의 초청으로 버밍햄시[05]에서 기조연설을 했습니다.

그것은 제 인생에서 정신을 고양한 최고의 순간이었습니다. 우리는 함께 행진하고 서로 상의했습니다.

제가 오하이오주에 있는 오벌린대학교에 기관목사[06](시설 등에 소속된 목사)로 있을 때 박사를 초대한 적도 있습니다. 그 뒤 제가 하버드대학교에서 가르치기 시작할 무렵 박사는 두세 번 대학을 방문했습니다.

이케다 깊은 교류의 역사입니다. 콕스 박사도 공민권 운동에 참여하다 부당하게 체포되어 투옥당했다고 들었습니다.

콕스 예. 우리는 공민권 운동 투쟁 중 흑인의 '투표권'이나 '레스토랑에 들어갈 권리'를 빼앗는 인종차별에 맞서 항의했습니다.

우리는 노스캐롤라이나주에서 평화적인 데모 행진을 하다 체포되었습니다. 그런데 이미 구치소가 수감자로 꽉 차, 저는 다른 구치소로 옮겨졌습니다.

우리가 가장 걱정한 점은 어떤 죄를 뒤집어쓸지 전혀 모른다는 점이었습니다.

공민권 운동 시대에 체포된 사람들은 일반적으로 '허가 없이 데모나 행진을 했다'는 등의 이유에서였습니다. 이것은 어디까지나 경미한 죄에 지나지 않습니다.

그러나 우리의 경우는 당국이 '비폭력 데모일지라도 폭력을 선동할 우려가 있다'고 주장해 상급 법원이 '데모 행진을 중지하라'는 명령을 내렸습니다.

우리는 그것을 알면서도 계획을 실행했습니다. 상급 법원이 내린 금지명령을 위반하면 주 당국이 2년에서 5년의 징역을 내릴 수 있습니다.

2년에서 5년의 감옥생활이라니, 저는 간담이 서늘했습니다. 그러나 최종적으로는 며칠간 구치소에서 지내다 '두 번 다시 이 마을에 돌아오지 않겠다'는 서약을 쓰고 석방되었습니다.

이케다 탄압을 받아 감옥에 들어간 심정은 경험한 사람만이 압니다.

1957년, 저도 두 박사가 투쟁하신 동시대에 선거법 위반이라는 억울한 죄를 뒤집어쓰고 부당하게 체포되어 약 2주

인종차별에 반대해 데모 행진을 하는
콕스 박사(선두 오른쪽, 1957년, 당시 신문기사)

동안 수감되었습니다.

그 배경에는 창가학회라는 새로운 민중 세력의 대두를 두려워한 권력의 획책이 있었습니다. 스승인 도다 조세이 제2대 회장까지 체포하겠다는 협박도 받았습니다.

저는 몸이 현저하게 쇠약해지신 스승만큼은 어떻게든 지켜야 한다고 결심했습니다.

4년 반에 달하는 재판 투쟁을 벌인 결과, 무죄를 쟁취했지만 민중을 깔보고 억누르려는 권력의 횡포는 제 가슴에 깊이 새겨져 떠나지 않습니다.

콕스 잘 압니다. 저도 권력이 얼마나 무서운지 눈앞에서 직접 보았습니다.

그 뒤 저는 킹 박사와 앨라배마주 셀마시에서 함께 행진하고 플로리다주 세인트오거스틴시에서 함께 투쟁하는 등 박사가 연설하는 각지 집회나 연설회에도 동행했습니다.

앞서 말한 대로 최고의 순간은 1966년에 앨라배마주 버밍햄시에서 개최한 '남부기독교지도자회의' 때 찾아왔습니다.

박사는 청중에게 저를 소개하고 제가 연설을 마친 뒤 감사의 말을 전했습니다. 잊지 못할 순간입니다.

킹 박사의 '비폭력주의'와 '용기'

/

이케다 말씀을 들으니 당시의 배경이 눈앞에 생생하게 떠오르는 듯합니다.

킹 박사는 인종을 불문하고 폭넓은 계층으로부터 존경과 공감을 받았습니다. 킹 박사의 인간적인 매력은 무엇이라고 생각하십니까?

콕스 제가 킹 박사를 존경하는 이유는 두 가지입니다.

첫째, 그가 비폭력주의의 흔들림 없는 신봉자라는 점입니다. 그는 자주 이렇게 말했습니다.

"설령 미국의 모든 사람, 모든 흑인, 모든 백인이 폭력을 지지해도 나는 끝까지 비폭력을 주장할 것이다.

왜냐하면 오직 비폭력만이 다른 사람에게 굴욕감을 주지 않고 인류의 여러 문제를 해결할 수 있는 유일한 길이기 때문이다. 다른 사람도 모두 똑같은 신의 자식이기에 상처를 주면 안 된다.

우리는 적을 무너뜨리는 것이 아니라 최대한 설득해서 우리 편으로 만들어야 한다. 그리고 비폭력이야말로 그것을 가능케 하는 길이다.”

　그는 진심으로 끝까지 그렇게 믿었습니다.

이케다 전 세계 지도자가 생명에 새겨야 할 말입니다.

　폭력은 새로운 폭력을 낳고 증오를 확대할 뿐입니다.

　끊임없이 일어나는 ‘폭력의 연쇄’를 끊어내려면 비폭력이라는 ‘정신의 이검(利劍)’을 휘두르는 수밖에 없습니다.

　물론 말처럼 쉽지는 않겠지요. 마하트마 간디07가 킹 박사의 모교인 모어하우스대학교의 벤저민 메이스08 총장에게 말한 대로 “비폭력을 쓰려면 폭력을 쓸 때보다 훨씬 더 큰 용기가 필요”09하기 때문입니다.

　메이스 총장은 인도에서 간디를 직접 만나 비폭력 투쟁을 배웠습니다. 그리고 킹 박사는 젊은 날에 이 메이스 총장을 스승으로 받들었습니다.

　이렇게 하여 간디가 실천한 ‘비폭력 정신’은 태평양을 넘어 미국으로 건너가 킹 박사가 전개하는 공민권 운동의 지주가 되었습니다.

콕스 킹 박사가 예수와 더불어 간디에게서 큰 영향을 받았다는 사실은 틀림없습니다.

시카고에서 약 7만 명의 청중에게 말하는 킹 박사(1964년) ©gettyimages

지금 이케다 회장은 간디의 말을 들어 '용기'의 중요성을 말씀하셨습니다. 제가 킹 박사를 존경하는 둘째 이유는, 그가 단호하고 의심할 여지가 없는 진짜 '용기'를 가졌기 때문입니다.

그는 절규하는 폭도들 한가운데로 뛰어들었습니다. 폭도들은 닥치는 대로 물건을 집어던지고 모욕감을 주는 말로 소리쳤지만, 그는 조금도 흥분하는 기색 없이 모든 사람을 차분하게 이끌고 "자, 이제 괜찮다"며 안도감을 주었습니다.

그러고 나면 킹 박사는 나중에 이렇게 물었습니다.

"내가 겁먹은 것 같았는가?"

우리는 늘 이렇게 대답했습니다.

"아니요. 조금도 그렇지 않았어요, 킹 박사."

사람은 누구나 자기 안의 공포심과 대결해야 합니다. 그리고 자기 안의 증오심에 맞서야 합니다.

"가령 사람들이 당신을 모욕하고 물건을 집어던지고 때로는 상처를 입혀도 그들에 대한 미움을 행동으로 나타내거나 마음에 담아두면 안 됩니다. 그들에게는 미움이 아닌 사랑으로 대응해야 합니다. 당신의 적을 사랑해야 합니다."

이것이 킹 박사가 믿은 예수의 가르침이었습니다. 실로 이 가르침을 실천하기란 어렵다는 것을 박사는 잘 알고 있었습니다. 그러나 실천할 수 없다면 이 운동에 참여하면 안 된다고 박사는 주장했습니다.

'비폭력 정신'을 다음 세대에 전해야 할 책임

이케다 귀중한 증언입니다.

공민권 운동을 전개하며 많은 흑인이 희생되었습니다. 과격한 차별주의자가 쏜 총에 맞거나 구타를 당해 목숨을 잃기도 했습니다. 집에 폭탄이 날아오기도 했습니다.

그러한 상황에서 일부는 '역시 비폭력으로는 문제를 해결할 수 없다' '폭력에는 폭력으로 맞서야 한다'는 목소리도 나왔습니다. 그러나 많은 사람이 비폭력을 관철했습니다.

어째서 그럴 수 있었는가. 그것은 킹 박사가 직접 비폭력 투쟁에 앞장서 총명하게 이끌고 용기 있는 모습을 보여주었기 때문이 아닐까요. 토인비 박사도 자주 말씀하신 대로 지도자의 용기는 모든 이에게 퍼집니다.

간디는 앞서 말한 메이스 총장에게 이렇게 말했습니다.

"훈시(訓示)로 사람들을 단련할 수 없습니다. 비폭력은 설교로 할 수 없습니다. 그것은 늘 실천해야 합니다."[09]

바로 킹 박사는 자신의 모습으로 공민권 운동을 이끄신 것입니다.

콕스 예. 알려진 바와 같이 킹 박사는 만년에 걸쳐 "폭력 행사는 단지 인종차별과 같은 국내 문제뿐 아니라 국제 문제에서도 잘못되었다"고 계속 주장했습니다.

"우리는 이제 전쟁으로 문제를 해결하는 세계를 거부한다. 우리는 바야흐로 인간의 역사에서 문제 해결의 선택지로서 전쟁을 용인하는 시대에 종지부를 찍을 때를 맞았다. 우리는 더 이상 이러한 짓을 이어가면 안 된다."

잘 아시는 바와 같이 그는 인생의 마지막에 베트남전쟁과 미국의 군사력 강화에 강력히 반대했습니다.

이케다 당시 저도 많은 청년과 대학생이 모인 자리에서 베트남전쟁을 당장 중단해야 한다고 주장했습니다. 리처드 닉슨[10] 대통령에게 서간도 보냈습니다.

전쟁은 인간이 저지르는 최대 '폭력'입니다. 그러므로 절대로 허용하면 안 됩니다.

그러나 킹 박사가 베트남전쟁에 반대하는 견해를 공적인 장소에서 발표한 2년 뒤인 1968년 4월, 유감스럽게도 박사는 테네시주 멤피스에서 총에 맞아 숨졌습니다.

'비폭력'을 끝까지 관철한 킹 박사가 암살이라는 '폭력의 흉탄'에 목숨을 빼앗겼습니다. 이 사실이 바로 킹 박사가 끝까지 투쟁한 대상인 '폭력의 마성'이라는 뿌리의 깊이를 나타낸다고 할 수 있습니다.

콕스 킹 박사는 생을 마감하기 몇 주 전부터 아마 자신은 곧 죽임을 당할 것이라고 느낀 모양입니다.

이는 최근 신문 보도와 근래 세상에 알려진 그의 대화 기록에서도 밝혀졌습니다.

죽음을 예감한 그는 고민했습니다. 죽음이 두려워서가 아닙니다. 남은 아내를 미망인으로, 아이들을 아비 없는 자식으로 만들고 싶지 않았기 때문입니다.

그것은 가혹하고도 격렬한 고뇌였습니다. 흉탄을 맞고 쓰러진 순간 그는 '마침내 그때가 온 것인가' 하고 느꼈을 것입니다.

그리고 틀림없이 이렇게 생각했을 것입니다. 물론 추측이 지만 '나는 죽음에 이르기까지 예수가 걸어온 길을 똑같이 걷고, 같은 결말을 맞았다' 하고 말입니다.

아마도 킹 박사는 그렇게 생각했을 것입니다.

이케다 맹우의 더없이 깊은 통찰입니다.

당시 킹 박사는 아직 서른 아홉이라는 젊은 나이였습니다. 너무나도 이른 죽음이었습니다. 그러나 인류 역사에 선명한 빛을 발산한 불후의 일생이었습니다.

순난(殉難)한 킹 박사의 정신이 시간과 더불어 흐려져서는 안 됩니다.

지금 가장 중요한 점은 킹 박사가 목숨을 걸고 관철한 '비폭력 정신'을 계승하는 일입니다. 모어하우스대학교 킹 국제채플의 로렌스 카터 소장도 이 점을 강하게 주장하셨습니다.

그러나 그러한 정신은 그저 편안하게 계승할 수 있는 것이 아닙니다. 킹 박사처럼 스스로 사람들 속으로 용감하게 뛰어들어야 합니다. 그리고 현실 속에서 고뇌하고 꿋꿋이 싸워야 비로소 계승할 수 있지 않을까요.

콕스 동감합니다.

우리에게는 킹 박사가 인생을 걸고 추구한 '정의'와 '자유' 그리고 '평등'이라는 이상(理想)을 다음 세대에 엄연히 전해야 할 중대한 책임이 있습니다.

공민권 운동을 지원한 케네디 일가에 찾아온 비극

/

이케다 존 F. 케네디[11] 대통령이 공민권 운동을 지원했다는 사실은 잘 알려져 있습니다. 콕스 박사는 동생 로버트 케네디[12] 상원의원이 대통령 선거에 입후보할 때 선거 활동을 도우셨지요.

실은 저도 케네디 대통령과 회견할 예정이었습니다. 여러 사정으로 실현되지 못한 채 돌아가셔서 그 기회를 영원히 잃고 말았습니다. 지금도 유감스럽게 생각합니다.

그 뒤 넷째 남동생인 에드워드 M. 케네디[13] 상원의원을 도쿄에서 만나 돌아가신 케네디 대통령을 애도했습니다 (1978년 1월).

박사는 케네디 일가의 깊은 우인(友人)으로서 잊지 못할 추억이 많으시지요?

콕스 예. 케네디 형제, 특히 셋째 로버트 케네디와는 잊지 못할 추억이 있습니다.

킹 박사가 암살당한 해인 1968년, 저는 하버드대학교에서 휴가를 받아 로버트 케네디의 대통령 선거전을 열심히 지원했습니다.

케네디 대통령이 암살당하고 5년이라는 세월이 흐른 뒤, 보비(로버트 케네디의 애칭)는 베트남전쟁을 강력히 비판했습니다. 또 그는 인종 간의 공정성과 경제의 공정성을 열렬히 제창했습니다. 이 세 가지가 그의 정치 강령의 기둥이었습니다.

그는 매우 매력적인 대통령 후보였습니다. 연설이 뛰어나고, 활력이 넘쳤습니다.

이케다 로버트 케네디 상원의원은 케네디 대통령 밑에서 법무장관을 맡아 대통령과 함께 공민권 운동을 지원했다고 알려져 있습니다.

킹 박사가 암살당한 날인 4월 4일, 로버트 상원의원이 인디애나주의 주도(州都) 인디애나폴리스에서 한 연설은 실로

케네디가의 형제. 왼쪽부터 존 F, 로버트, 에드워드 ©Reuter's / newsis

인상 깊습니다. 그날 킹 박사의 암살에 대한 분노가 폭발해 미국 각지의 도시에서 폭동이 일었습니다. 거리가 파괴되고 40여 명이 숨졌습니다.

간결한 연설에서 로버트 상원의원은 이렇게 외쳤습니다.

"우리는 국가로서 그러한 방향으로 나아갈 수도 있습니다. 다시 말해 흑인은 흑인끼리, 백인은 백인끼리 모여 서로 미워하는 대분열의 방향입니다… 또는 우리는 마틴 루터 킹 박사가 실천한 대로 서로 이해하고 알려는 노력을 할 수도 있습니다. 그리고 폭력과 나라 안에 번진 더러운 유혈 대신, 배려와 애정으로 서로 이해하고자 노력할 수도 있습니다."

"우리가 미국에서 필요로 하는 것은 분열이 아닙니다. 우리가 필요로 하는 것은 증오가 아닙니다. 우리가 필요로 하는 것은 폭력이나 무법적인 행위가 아닙니다. 우리가 필요로 하는 것은 사랑이자 영지(英智)이고 다른 사람에 대한 배려입니다. 흑인이든 백인이든 우리나라에서 아직까지도 괴로워하는 사람들에 대한 공정한 감정입니다."[14]

연설 전, 현지 경찰은 로버트 상원의원에게 '안전을 보장할 수 없다'는 이유로 군중 앞에 모습을 보이지 말라고 경고했다고 합니다. 그러나 로버트 상원의원은 자신의 심정을 많은 사람에게 직접 전하고 싶다며 연설에 나섰습니다.

그 심정에 부응하듯 로버트 상원의원이 연설한 인디애나폴리스에서는 더 이상 폭동이 일어나지 않았습니다.

콕스 이케다 회장은 중요한 역사적 사실을 소개하셨습니다. 보비는 정말 용기 있는 사람이었습니다. 가난한 사람들과 학대받는 사람들에게 늘 따뜻한 눈길을 보내는 사람이었습니다.

어느 날 그는 대통령 선거 활동을 도와달라고 제게 부탁했습니다. 저는 곧바로 승낙했습니다.

그렇게 저는 몇 개 주를 방문했습니다. 아마 두세 개 주였는데, 주로 대학생을 상대로 연설했습니다.

보비 후보와 동행해 여러 대학을 돌며 연설했습니다. 그리고 뜻밖에도, 그가 캘리포니아주 로스앤젤레스에서 암살당한 날 저도 로스앤젤레스에 있었습니다.

이케다 그날은 로버트 상원의원이 캘리포니아주에서 열린 민주당 대통령 후보지명 예비 선거에서 승리를 거둔 날이었지요.

콕스 예. 야속하게도 바로 그날이었습니다. 저는 하버드대학교에서 하루 종일 수업이 있어 모든 일을 마치고 나서야 비행기를 타고 집에 돌아왔습니다.

로스앤젤레스에서 보스턴행 야간 비행기를 타고 이튿날 아침 보스턴 공항에 도착했을 때 저는 보비가 총에 맞았다는 사실을 알았습니다. 그날은 킹 박사가 암살당하고 불과 두 달 뒤인 1968년 6월이었습니다.

이케다 로버트 상원의원은 로스앤젤레스 앰배서더호텔에서 암살당했습니다.

호텔에 모인 선거 운동원 2000여 명 앞에서 승리를 거둔 연설을 마친 뒤였습니다. 젊은 남자가 가까이 다가와 갑자기 흉탄을 쐈습니다….

콕스 그렇습니다. 제가 소식을 들었을 때, 그는 아직 숨이 붙어 있었습니다. 병원에서 사경을 헤매고 있었습니다. 몹시 당황한 저는 모든 것을 잃은 기분이었습니다.

보비와 함께 실현하려던 정치적인 가능성도 모두 물거품이 되었습니다.

이제 제가 할 수 있는 일이라고는 잠시나마 미국을 떠나 있는 것 말고 다른 길은 없다고 생각했습니다.

그래서 저는 아내와 어린아이들을 데리고 멕시코로 가서 몇 달 동안 머물렀습니다. 멕시코시티에서 가까운 쿠에르나바카[15]였습니다.

그곳에서 머무는 동안 저는 미국에서 일어나는 사태의 단편을 어떻게든 연결 지어 생각하려고 노력했습니다.

미국에서 가장 훌륭한 시민인 존 F. 케네디와 마틴 루터 킹 그리고 로버트 케네디를 살해하려고 혈안이 된 이 나라에 과연 아직도 희망이 남아 있는가.

그것은 공포로 가득한 전율의 시대였습니다.

인생은 결코 '단독비행'을 하면 안 된다

이케다 가장 소중한 우인을 연이어 잃은 박사의 고뇌를 조금은 알 것 같습니다.

'자유와 민주주의의 국가'인 미국에서 연이어 일어난 지도자 암살사건은 전 세계에 큰 충격을 주었습니다.

미국은 자유주의를 이끄는 국가이자 경제적인 번영을 구가하면서도 다른 한편으로는 심각한 인종차별과 빈곤 문제를 안고 있습니다. 수렁에 빠진 베트남전쟁도 국가의 분열을 일으키는 불씨가 되었습니다.

일련의 비극적인 사건은 혼란과 분단이 깊어지는 당시 미국 사회를 상징하는 듯했습니다.

멕시코 생활은 어떠셨습니까?

콕스 저는 사회적으로 점점 낙오자가 되었습니다. 멕시코에서는 작은 전문대학에서 학생들을 가르쳤습니다.

쿠에르나바카는 날씨가 매우 따뜻하고 아름다운 작은 도시입니다. 마음만 먹으면 계속 살 수도 있었습니다. 그런 불행한 일들은 깨끗이 잊고 싶다는 마음도 자주 들었습니다.

그러나 저는 아내와 함께 차분히 이야기를 나누고 역시 귀국하기로 마음먹었습니다. 미국으로 돌아와 베트남전쟁 반대운동에 더 깊이 관여했습니다.

이케다 인생의 큰 실망과 어려움에 직면했지만 박사는 결코 이상을 포기하지 않으셨습니다. 그리고 다시 사회정의를 실현하기 위해 용감하게 투쟁을 시작하셨습니다. 불요불굴의 위대한 신념의 드라마입니다.

콕스 지금 생각해보면 제가 좌절하지 않은 이유는 제 우인이나 동료 중에 결코 좌절하는 사람이 없었기 때문입니다.

저는 자신을 이렇게 격려했습니다.

'우리는 결코 포기하면 안 된다. 지금은 확실히 가혹한 상황이고 사태는 심각하다. 그래도 우리는 투쟁을, 그것도 비폭력 투쟁을 지속해야 한다. 우리는 그것을 어떻게든 지속해야 한다.'

저는 사회적으로도 효과가 있는 정신적, 도의적 생활을 혼자서 하기란 무척 어려운 일이라고 생각합니다. 결코 '단독비행'을 하면 안 됩니다.

반드시 누군가 자신을 도와주고 용기를 주는 사람들과 함께 활동해야 합니다. 그리고 자신도 그러한 사람들을 격려하고 도와야 합니다.

그렇지 않으면 어려운 일에 맞서는 도전은 지독할 정도로 고독하기에 의기소침해져버립니다. 제 경우에는 함께 돕고 서로 격려하는 사람들이 있어서 그렇게 되지 않았습니다.

또 하버드대학교는 매우 관대했습니다. 제가 일련의 행동을 한 기간을 특별 휴가로 처리해 다시 대학에 돌아오는 데 조금도 지장이 없도록 해주었습니다.

덕분에 저는 복직해 다시 대학에서 가르칠 수 있었습니다. 이케다 '인생은 결코 단독비행을 하면 안 된다'는 박사의 신조에 저도 진심으로 공감합니다.

제 스승인 도다 선생님은 홀 케인[16]의 《영원의 도읍》 등 대하소설을 들면서 청년들에게 우정이나 동지와의 유대를 소중히 해야 한다고 반복해서 가르치셨습니다.

인간은 혼자서는 위대한 사업을 이룰 수 없습니다. 같은 목적을 향해 서로 격려하고 돕는 벗과 동지가 있어야 많은 어려움을 이겨내고 난사(難事)를 해결할 수 있습니다. 진정한 인간의 결합이야말로 역사를 변혁하는 시대의 커다란 흐름을 일으키는 원동력입니다.

독일의 시인 프리드리히 실러[17]는 희곡에 이렇게 썼습니다.

"우정이란 성실하고 대담한 것이다."

"무엇 하나 두려울 것은 없다. 그대와 손을 잡으면 전 세계를 상대로도 싸울 수 있다."[18]

진실한 우정이야말로 인생의 더없이 소중한 재산입니다. 저도 직함이나 종교의 차이를 뛰어넘어 전 세계에 훌륭한 우인이나 동지가 있는 것을 최대의 자랑으로 여기고 있습니다.

제3장

물질주의의 환상을 넘어

현대 '물질문명'에 종교는 어떤 공헌을 할 수 있는가

/

콕스 1992년 5월, 일본을 방문해 이케다 회장과 회담한 때가 그립게 떠오릅니다. 그때 회장은 "지금 일본 젊은이들은 옛날에 비해 갖고 싶은 물건을 무엇이든 가질 수 있다"고 말씀하셨습니다. 그런데 "의복에 부족함이 없고 새로운 물건도 계속 살 수 있다고 해서 그들이 꼭 행복한 것은 아니다"라고 지적하셨지요.

이케다 그렇습니다. 최근 일본에서는 물질적 풍요로움을 좇는 경향이 점점 강해지고 동시에 경제적인 격차도 벌어지고 있어 걱정입니다.

그러나 당연한 이야기이지만 물질적, 경제적으로 풍요로운 생활이 인간의 행복으로 이어지는 것은 아닙니다.

콕스 맞습니다.

그러나 현대사회는 '이제 얼마 남지 않았습니다. 당신에게 꼭 필요한 이것! 지금 바로 구매하세요'라는 문구들로 넘쳐납니다. 우리는 이런 내용의 문구에 하루에도 몇 백 번이나 재촉을 당합니다.(웃음)

심지어 대부분 전혀 필요 없는 물건입니다. 그래서 우리는 그것들을 손에 넣어도 정신적으로 만족하지 못합니다.

어떤 사람이 자동차를 2대 갖고 있다고 칩시다. 그러면 반드시 3대가 필요해집니다. 만약 방 3개에 텔레비전이 방마다 1대씩 있다고 칩시다. 그러면 네 번째, 다섯 번째 방에도 텔레비전을 놓고 싶어집니다.

또는 더 큰 텔레비전을 갖고 싶어 할지도 모릅니다. 컴퓨터도 성능이 더 좋은 신제품을 갖고 싶어 할 것입니다.

이케다 맞는 말씀입니다.

'욕망의 해방'은 현대 사회의 특징 중 하나입니다. 과학과 시장경제가 두드러지게 발달함과 동시에 인간 사회는 개인의 '욕망'을 비대하게 만드는 방향으로 돌진하고 있습니다. 그리고 그 경향은 더욱 강해지고 있습니다.

실은 영국의 위대한 역사가 토인비 박사와 대담하면서 마지막에 함께 이야기한 주제도 이러한 인간의 '욕망'이었습니다.

콕스 이것은 대단히 중요한 주제입니다.

이전에 저는 〈신(神)이 된 시장(市場)〉이라는 제목으로 논문을 쓴 적이 있습니다. 인류의 역사에서 시장이 존재하지 않은 시대는 없었습니다.

시장은 늘 커다란 역할을 했는데 최근 100년 동안 그 영향력은 지나치게 커졌습니다.

그리고 제품 광고에 열을 올리는 소비문화에서 시장은 '가치'나 '의미'의 지배적인 원천이 되고 있습니다. 예를 들어 광고에서 '올바른 생활'은 어떤 것인지 하는 영상이 빈번하게 나옵니다.

그리고 마치 그 생활용품이 없으면 사람의 생활이 어딘가 잘못된 듯 생각하게 만들어 어떻게 하면 가질 수 있는지 가르칩니다.(웃음) 이 모든 것은 소비물자나 시장과 연결되어 있습니다.

이케다 그렇습니다.

1992년 일본을 방문했을 때, 콕스 박사는 소카대학교에서 '변모하는 국제사회와 종교의 역할'이라는 주제로 강연하셨습니다.

그때 박사는 "사람들의 모든 인생을 시장경제 안에 가두려 한다"고 말씀하셨습니다.

그리고 "사람들은 소비문화나 물질적인 욕망에 사로잡혀 정신적인 죽음이라는 새로운 위기에 직면해 있다"[01]고 경고하셨지요.

콕스 예. 그러한 소비문화는 제가 전통적이라고 생각하는 종교가 내건 여러 가치, 즉 꾸밈없는 수수함이나 자애와 같은 가치를 어느 면에서는 축소시키고 파괴하고 있습니다. 시장은 자애에 보답하지 않습니다. 시장은 자애라는 것을 모릅니다.

종교와 시장원리는 자주 대립합니다.

여기서 종교 조직은 한 번에 '시장을 없애버리자'는 태도를 취하는 것이 아니라 그러한 시장의 가치관을 되묻고 억

토인비 박사와 대담하는 이케다 회장(1972년)

제해야 합니다.

이케다 잘 압니다. 박사는 강연 중에 '만족할 줄 모르는 욕망의 문화' '정신성의 파괴'라는 현대 사회의 과제에 종교가 어디까지 다가갈 수 있는지 물으셨습니다.

현대 종교는 바로 이 질문에 성실히 답해야 합니다. 종교는 '욕망의 문화' '정신성의 파괴'에 브레이크를 거는 역할을 해야 하기 때문입니다.

현대 물질문명 속에서 인간이 인간답게 살기 위해 종교는 어떤 공헌을 할 수 있는가? 폭주하는 '욕망'의 에너지를 어떻게 통제해 선(善)의 가치를 창조할 수 있는가?

이번에는 이 부분에 대해 박사의 의견을 듣고 싶습니다.

거짓된 욕망을 자극하는 '시장종교'의 환상

/

콕스 많은 현대인이 '거짓된 욕망'을 떠안고 있습니다. 시장경제를 담당하는 사람은 이윤을 추구하기 위해 늘 인간의 '거짓된 욕망'을 자극할 수밖에 없습니다.

이케다 박사는 고도의 시장경제에서는 텔레비전 등 매스미디

어가 늘 소비자의 욕망을 자극하고 팽창시켜 소비를 단계적으로 확대시킨다, "소비자는 물리적 필요가 아닌 심리적 필요로 상품을 구매한다"[01]라고 지적하셨습니다.

물론 인간 생활을 더욱 풍요롭고 편리하게 하는 가치 있는 상품도 많지만 반면에 '거짓된 욕망'을 자극해 불필요한 상품을 사도록 부추기는 경우도 많다는 말씀이시지요.

콕스 예. 그러한 상품은 사람들의 마음 깊은 곳에 있는 '인간을 진정으로 인간답게 하는 가치나 감정'을 저하시키고 위축시킵니다. 이것은 전적으로 '상품문화'의 영향입니다.

'상품'은 실재하지 않는 것을 상징합니다. 다시 말해 '행복'이나 '성공', '사랑'이나 '귀속의식'과 같은 것을 상징합니다.

그러나 그것은 '거짓된 상징'입니다. 상품 그 자체는 이러한 것들을 주지 않습니다.

이케다 확실히 사람들의 구매 의욕을 자극하는 정보는 우리 일상생활에 넘쳐납니다.

그리고 많은 사람에게 명품 브랜드나 특정 상품을 갖는 일이 사회적 지위나 인간의 가치를 상징하는 듯한 착각마

저 주고 있습니다.

콕스 이러한 시장경제에 얽힌 환상을 저는 '시장종교'라고 부릅니다. 이것이 바로 오늘날 세계 여러 종교가 맞서야 할 주요 경쟁 상대입니다.

우리는 힘을 합쳐 시장이 갖는 '가치'와 그 '내용'을 추궁해야 합니다.

말할 필요도 없이 시장은 어떤 특정한 '내용' 위에 구축됩니다. 텔레비전 광고도 아주 작은 내용입니다. 이것은 하찮은 우화(寓話)라고도 할 수 있을 것입니다. "여기에 뚱뚱한 사람이 있습니다. 이 약을 먹으면 됩니다. 반드시 사랑이 찾아옵니다."(웃음) 이 말은 지어낸 이야기로, 환상입니다.

이케다 인간의 욕망은 끝없이 비대해지는 법입니다. 따라서 현명한 판단력과 욕망을 통제하는 정신력이 반드시 필요합니다.

'정신력'의 부흥을 가져오는 불교의 지혜

/

이케다 일찍이 독일의 사회학자 페르디난트 퇴니에스[02]는 "허영심은 타인을 거울로 사용하고 이기심은 타인을 도구로 사용한다"[03]라고 말했습니다.

어떻게 해야 만족과 기쁨이 생기는가. 행복의 요건 중 하나는 무엇을 소유하느냐가 아니라 자신의 마음이 얼마나 풍요롭고 충실하느냐가 아닐까요.

《법화경》[04]은 '소욕지족(少欲知足)'을 설합니다. '소욕'은 욕망이 비대해지는 것을 제어하는 것입니다. 불교에서는 욕망이 비대해져 자타의 생명에 상처를 주고 파괴하는 것과 같은 변질된 상태를 '탐욕'이라고 합니다.

탐욕을 제어하고 자타의 생명을 충족시켜 행복의 원동력이 되도록 욕망을 살리는 것이 '소욕지족'의 의의입니다.

콕스 제가 예전에 일본 교토를 방문해 한 가지 배운 점이 있습니다. 그것은 '자기 스스로 만족할 줄 안다(오유지족(吾唯知足))'는 말입니다. 이 말을 알았을 때 저는 '일본에 온 보람'을 느꼈습니다.

이 말에는 회장이 말씀하신 '소욕지족'과 같은 의의가 있습니다. 지금 인류에게 매우 중요한 지적입니다.

더러 검소한 생활을 하는 사람일수록 행복하다는 말이

있습니다. 맞는 말이라고 생각합니다. 물론 여기서 제가 말하는 사람은 극빈자라는 의미가 아닙니다.

그것은 언론이 보도하는 소비문화의 메시지에 크게 영향을 받지 않는 사람들을 말합니다. 이러한 사람들은 물질적인 부(富)를 충분히 얻은 것은 아니지만 만족하고 있습니다. 이케다 이 '지족'을 설한 불전 중 하나로 《불유교경(佛遺教經)》05이 있습니다.

거기에는 "지족의 법은 곧 부락안온(富樂安穩)한 곳이 된다"고 씌어 있고 '지족즉부락'을 나타냅니다. 지혜와 자비의 법을 관철한 충실한 생명이 바로 '부락'이고 '안온'이라는 가르침입니다.

한편, "지족을 모르는 사람은 부자임에도 불구하고 가난하다"라고 밝혔습니다. 물질적인 욕망, 권력, 명예욕, 허영심에 지배당하는 인생은 아무리 풍족해 보여도 인간으로서 '지족'을 모르고 '가난하다'는 뜻입니다.

인간으로서 '풍요로운 사람'은 자기 탐욕이나 편견, 공격성을 제어하고 근원적인 이기주의를 이겨내면서 자타 함께 행복을 목표로 정신적, 윤리적 인생을 개척하는 사람이라고 할 수 있습니다.

불교에서는 생명 근저에 있는, 스스로 제어하기 힘든 생명의 경향성이나 욕구, 즉 '근원적 이기주의'를 '무명(無明)'이라고 설합니다. 그것을 용기 있게 변혁하지 않으면 근본적으로 해결되지 않습니다. 생명의 '무명'이라는 어둠에서 도망칠 수 없습니다.

콕스 그 '무명의 감옥'에서 사람들을 해방시키려면 지금이야말로 '정신의 힘'을 부흥시켜야 합니다. 그러려면 종교가 가진 가치관이 중요합니다.

특히 사람들의 내발적인 힘을 불러일으키는 불교의 힘은 앞으로의 시대에 절대적으로 필요할 것입니다.

석존이 발견한 '중도(中道)'의 삶

/

이케다 불교의 창시자인 석존06에게 '사문유관(四門遊觀)'이라는 전설이 있습니다.

석존이 석가족의 왕자일 때 일입니다. 궁의 동문으로 나가 노인을 보고 '생(生)'이 있기에 '늙음'이 있음을 압니다.

남문으로 나가 병든 사람을 만나고 '생'이 있기에 '병'이 있음을 압니다.

서문으로 나가 죽은 사람을 보고 '생'이 있기에 '사(死)'가 있음을 압니다.

마지막으로 북문으로 나가 사문(沙門, 수행승)을 만나 그 모습과 마음의 청정함을 보고 출가해 득도하겠다는 희망을 품습니다.

콕스 유명한 일화입니다.

이케다 인간으로 태어난 이상 결국 늙고 병들고 죽음을 맞는 일은 필연입니다. 어떠한 재보를 갖고 있어도 생로병사(生老病死)의 고뇌에서 벗어날 수 없습니다.

석존은 풍족하고 젊고 건강한 인생을 버리고 남루한 의복을 입고 왕궁을 나섰습니다.

물질적으로 무엇 하나 부족하지 않은 생활에 진정한 행복이 있는 것이 아닙니다. 오히려 거기에는 '생로병사'라는 '근원적인 인간고(人間苦)'에서 발생하는 생명 깊숙한 곳에 있는 불안과 두려움, 초조함, 권태감이 내포되어 있습니다. 석존은 그 점을 꿰뚫어 보았습니다.

석존이 고행했다고 전해지는 전정각산(인도 비하르주)

콕스 제가 알기로, 출가한 석존은 깨달음을 얻고자 모든 욕망을 부정하려고 했습니다.

석존은 단식에 들어갔습니다. 갈비뼈가 보일 정도로 앙상하게 마른 석존의 조각상이 남아 있는데, 그 정도로 엄격히 수행했습니다. 그러나 결국 석존은 이러한 수행법은 효과가 없다고 깨닫고 다른 수행법을 시도해 이윽고 '중도(中道)'07를 찾아냈습니다.

그런데 기독교에도 엄격한 금욕 수행을 주장하는 일파가 있습니다. "거의 영속적인 단식이라고 할 정도의 수단으로 식욕을 억제하고 그렇게 해서 성욕을 없애야 한다"고 말합니다.

그러나 저는 그것은 잘못된 대처법이라고 생각합니다. 현재 인간의 욕망을 부추기는 소비문화의 상태를 생각하면 분명 어느 정도의 금욕주의는 의미가 있습니다만….

이케다 만약 반대로 일체의 욕망을 없애려고 한다면 그것이야말로 몸도 마음도 전부 소멸시키지 않으면 안 됩니다. 불교에서는 이것을 '회신멸지(灰身滅智)'08라고 합니다. 불교도 중에는 이와 같은 수행에 힘쓰는 일파도 있었습니다. 그러나 그것은 자살과 같은 행위입니다.

박사가 말씀하신 대로 양극단에 치우치지 않는 '중도'가 중요합니다. '중도'는 단순히 양극단의 가운데라는 의미가 아닙니다. 인간과 우주를 관철하는 '생명의 근본 법칙'에 준해 영지를 빛내고 변화하는 사회와 인생의 거센 파도에 맞서 용감하게 이겨내는 역동적인 삶을 의미합니다.

토인비 박사도 저와 대담하면서 단적으로 이렇게 말씀하셨습니다.

"인간은 욕망의 소멸과 같은 불가능한 목표를 추구하기보다 욕망을 선한 목적으로 바꾸는 달성 가능한 바람직한 목표를 추구해야 한다고 믿습니다."[09]

"(인간은) 욕망을 자신에게도 정당하고, 또한 인류에게도 또 우주에도 선한 목적이 되도록 의식적으로 바꿔야 합니다."[09] 록스 욕망이 가진 에너지를 자신을 위해서가 아니라 다른 사람을 위해 사용하면 거기에 욕망을 정화하고 그 에너지를 진정으로 살리는 길이 열린다고 생각합니다.

이케다 그렇습니다. 인간에게 마음속 깊이 느낄 수 있는 퇴색되지 않는 기쁨은 무엇인가. 그것은 자타 함께 나누는 공감이자 기쁨이 아닐까요.

우리가 신봉하는 니치렌(日蓮) 대성인은 "희(喜)란 자타 공히 기뻐하는 것이니라"(어서 761쪽)라고 가르치셨습니다. 다시 말해 '당신과 내가 함께 기뻐하는 것이 진정한 기쁨'이라는 말씀입니다.

벗의 웃는 얼굴을 위해 행동하고 자타 함께 '기쁨의 연대'를 맺어 넓히는 이러한 삶을 한 사람 한 사람의 인생에 확립해야 합니다. 그것이 바로 종교가 목표로 해야 할 중요한 역할 중 하나이기 때문입니다.

콕스 대찬성입니다.

영어에서 종교(religion)는 본디 '다시 연결한다'는 뜻입니다. 사람과 사람의 유대를 다시 한 번 되돌리는 것, 바로 여기에 현대에 종교가 완수해야 할 역할이 있다고 생각합니다. 저는 SGI가 이 일을 달성하기를 강하게 희망합니다.

새로운 종교개혁의 길을 연 SGI 운동

/

이케다 그런데 박사는 《세속도시》와 《세속도시의 종교》 등 저서를 비롯해 종교의 '세속화'[10]에 관한 연구로 세계적으로 유명합니다.

종교학에서는 지금까지 '세속화' 문제를 활발하게 의논했습니다. 과학기술의 진보, 시장경제의 발전과 도시화 등으로 종교가 사회나 문화 면에서 이전과 같은 힘을 발휘하지 못할 것이라고 보았습니다.

그러나 꼭 그렇지는 않았습니다. 박사는 이러한 종교의 여러 동향에 초점을 맞춰 직접 보고 들으면서 정력적으로 조사하고 연구해오셨습니다.

콕스 예. 이러한 시대의 발전에 따라 종교는 사회의 한쪽 구석으로 내몰리거나 소멸할 것이다, 적어도 그 영향력은 감소할 것이라고 생각했습니다.

그러나 실제로 '종교의 르네상스'라고 할 수 있는 '종교의 부활'이 찾아왔습니다. 이 일로 많은 학자가 놀랐습니다.

이케다 시대나 사회 환경의 급격한 변화가 사람들에게 오히려 종교의 필요성을 강하게 느끼게 한 것이 아닐까요.

1960년대 후반부터 미국 서해안을 중심으로 동양사상과 신비주의[11] 등에 이끌려 몇몇 신흥 종교가 탄생했습니다.

라틴아메리카에서는 '해방신학'[12]이라고 부르는 민중운동이 넓어졌습니다. 세계의 이목을 끈 이란의 이슬람 혁명[13]은 1979년에 일어났습니다. 구 소련 말기에 전통적인 러시아정교[14]에 대한 관심이 높아진 것은 잘 알려진 사실입니다.

최근 30여 년 사이에 확실히 세계 각지에서 종교를 둘러싼 상황은 복잡하게 변화하고 있습니다.

콕스 종교의 부활은 어떤 경우는 좋은 형태로, 어떤 경우는 나쁜 형태로 또는 선악 양면을 띤 형태로 일어났습니다.

그러나 시대가 아무리 진전할지라도 종교에 대한 사람들의 관심은 조금도 줄지 않는다고 생각합니다.

이케다 제 은사는 자주 "과학이 발전할수록 불법의 위대함이 증명된다"고 말씀하셨습니다.

인간이라는 존재는 합리성만으로 이해할 수 있는 것이 아닙니다. 이성을 포함하면서도 그것을 뛰어넘은 '내적 정신성', 그중에서도 종교성에 눈을 돌려야 합니다.

많은 사람이 이를 실감하고 있습니다. 또 앞으로 다가올 시대의 흐름이 아닐까요.

콕스 종교는 어쩌면 앞으로 다른 형태를 띨 수도 있지만, 계속 존재할 것입니다.

여러 종교가 많은 과제에 부딪혀 변화하면서도 그 가르침의 중핵이 되는 법(다르마)이라든지 복음(진리)과 같은 것을 얼마나 계속 유지할 수 있는가. 종교가 제시하는 그런 적응이야말로 실은 제가 가장 관심을 갖고 연구하고 싶은 대상 중 하나입니다.

이케다 시대는 시시각각 움직이고 있습니다. 널리 사람들의 행복과 사회의 발전에 계속 기여하는 '살아 있는 종교'가 되려면 종교 또한 현실 사회의 변화에 대응해야 합니다.

한편, 결코 놓치면 안 되는 종교의 '본질적인 법리'와 중핵인 '정신성'이 있습니다.

박사는 이 두 가지 면을 한쪽으로 치우치지 않고 주시하면서 현대에서 여러 종교의 움직임을 파악하셨습니다.

우리 SGI가 종교운동과 평화·문화·교육 활동을 추진하는 데도 귀중한 조언을 해주셨습니다.

콕스 SGI는 제가 처음 알았을 때에 비해 큰 변화를 이뤘습니다. 특히 종문(宗門)과 결별한 일은 어쩌면 SGI에 일어난 가장 잘된 일일지도 모릅니다. 처음에는 비극처럼 보였을지

몰라도 지금 생각해보면 틀림없이 건설적인 방향으로 전개되고 있습니다.

저희 집에서 가까운 곳에 위치한 SGI 평화연구기관 '보스턴21세기센터'[15](현재 이케다국제대화센터)의 활약도 높이 평가하는 바입니다.

이케다 감사합니다.

우리가 종문과 결별하고 새롭게 종교개혁의 길을 걷기 시작했을 때 박사는 SGI를 지지하고 '지금까지의 의식적이고 폐쇄적인 종교관을 고집하지 않고 우정을 전면에 내걸고 세계 사람들과 교류하면서 미래가 밝은 휴머니즘의 종교를 위한 방향을 제시하고 있다'는 기대를 보내셨습니다.

우리는 지금도 이 성원에 크나큰 격려를 받고 있습니다. 우리는 민중의 진정한 행복을 목적으로 한 '종교의 르네상스'를 위해 일어섰습니다.

인간이 인간답게 살기 위해 신시대의 종교는 어떤 모습이어야 하는가. 또 종교는 인류의 행복과 사회의 발전에 어떻게 공헌해야 하는가. 이 대담에서는 그러한 주제에 관해 여러 각도에서 의논하고자 합니다.

제4장

인터넷 사회의 공죄(功罪)와 인간의 유대

급속히 발전하는 IT 사회

/

이케다 현대 사회의 문제점 중 하나로 많은 사람이 정신적으로 피폐해지고 고립되는 점을 종종 지적합니다.

다양한 가치관과 정보가 쏟아지고 사회가 급격히 변화하면서 인간끼리 느끼는 '일체감'이나 '친근감'이 옅어졌습니다. 이전보다 서로 느끼는 물리적인 거리는 줄었지만 각자 점점 더 살벌한 인간관계 속에서 살고 있다고 생각합니다.

따라서 마음과 마음의 유대를 맺고 따뜻한 마음을 나누는 지역과 인간 사회를 구축해야 합니다.

거기에 21세기 종교의 중요한 역할이 있다고 생각합니다.

콕스 맞습니다.

그렇기에 이러한 과제를 주제로 먼저 세계 각 종교 전통을 대표하는 사람들이 모여 대화하는 일이 중요합니다.

이미 제가 사는 미국 매사추세츠주 케임브리지시[01]에는 이케다 회장이 설립한 '보스턴21세기센터'가 있습니다.

일본에도, 중국에도 기독교 단체가 있습니다. 우리에게는 이러한 종파를 뛰어넘어 대화할 자리가 필요합니다. 장래에는 더욱 필요할 것입니다.

이케다 그렇습니다.

박사와 나누는 이 대화도 미래를 위해 깊이 구축하는 반석과 같은 기반이라고 생각합니다.

세계는 지금 컴퓨터의 발달과 더불어 점점 고도 IT(정보기술) 사회로 나아가고 있습니다. 이미 많은 사람이 인터넷 없이는 살 수 없게 되었습니다.

지금은 인터넷을 통해 집에서도 세계의 도서관과 박물관 자료를 열람하거나 자신의 의견이나 예술작품을 세계에 발신할 수 있습니다. 낯선 사람들이 함께 지혜를 짜내 문제를 해결하는 일도 가능해졌습니다.

그러나 한편으로 인터넷 사회 고유의 여러 사건이나 비극도 세계 각지에서 일어나고 있습니다.

콕스 2005년 9월에 일어난, 예언자 무함마드[02]의 풍자만화를 둘러싼 경우도 인터넷이 사람들의 대립을 조장한 사례입니다.

덴마크의 작은 신문에 실린 기사인데, 그 뉴스와 사진이 인터넷을 타고 전 세계로 돌아 몇 백만 명이나 되는 사람에게 전해졌습니다. 그로 인해 각지의 대사관에 불을 질러 많은 사망자가 발생하는 등 엄청난 결과를 가져왔습니다.

이케다 매우 안타까운 일입니다.

인터넷에서 차별적인 발언을 할 경우 그 발언이 눈 깜짝할 사이에 전 세계로 퍼져 엄청난 대립과 증오의 불씨가 된 일도 있습니다.

또 일본에서는 인터넷에서 낯선 사람들끼리 만나 집단자살을 하는 가슴 아픈 사건마저 일어나고 있습니다.

콕스 인터넷이 이런 사례들처럼 인간에게 좋은 공헌만 가져오는 것이 아니라는 사실은 분명합니다.

아마 인터넷도 인간이 만들어낸 다른 것들과 마찬가지로

무조건 훌륭하다고는 할 수 없을 것입니다.

이케다 다만 한편으로 언론에서 보도하지 않은 각지의 사건과 재해 정보를 세계 사람들이 재빨리 알고 전에 없던 속도와 규모로 구호의 손길을 내밀 수 있습니다.

이처럼 인터넷에는 공(功)과 죄(罪)의 양면이 있는데 이 새로운 소통 방법이 세계 정보의 흐름과 사회의 모습을 크게 바꾸고 있다는 사실은 틀림없습니다.

콕스 그렇습니다.

전 교황 故 요한 바오로 2세[03]는 2002년에 이렇게 말했습니다.

"인터넷이 가져온 가상 공간은 새로운 천년기 초반에 열린 새로운 세계입니다. 과거에 있던 여러 새로운 세계와 마찬가지로 사이버 공간도 위험과 유망성(有望性)을 함께 가지고 있습니다. 그리고 다른 큰 변혁기를 특징지은 모험성도 수반하고 있습니다."[04]

인터넷이 발달함에 따라 누구나 자신의 증오와 편견을 드러낼 수 있고, 우리의 일상이 무엇 하나 감출 것 없이 발가벗겨지는 듯한 공간이 생긴 것도 사실입니다.

또 낯선 사람과 쉽게 대화를 나누게 되었습니다. 그렇지만 반드시 인터넷으로 사람들이 친밀한 관계를 맺을 수 있느냐는 의문입니다.

이 위험성과 유망성의 양면을 주시해야 합니다.

이케다 인터넷의 영향력이 클수록 인터넷을 이용하는 측의 윤리와 책임을 엄격히 물어야 합니다. 확실한 이념과 가치관을 바탕으로 한 규칙을 확립해야 합니다.

또 종교가 이러한 인터넷 사회의 변화를 윤리와 정신적인 측면에서 어떻게 대응하고 기여할 수 있을지도 중요한 과제입니다.

'보편적 가치'의 필요성

콕스 머지않아 인터넷의 발달로 이케다 회장이 늘 제창하신 '보편적 가치'의 필요성이 더욱 분명해질 것입니다.

오늘날 우리 인류는 인터넷으로 어느 때보다 관계가 긴밀해질 수 있을 것처럼 보이지만 한편으로 저마다 다른 세계관을 계속 갖습니다.

다른 세계관을 어떻게 교류하고 대화할 것인지에 관한 문제는 어느 시대에나 존재했습니다.

그런 의미에서 아무리 인터넷이 널리 퍼지더라도 우리 인간이 해야 할 과제와 도전은 조금도 바뀌지 않습니다.

이케다 맞는 말씀입니다.

지금까지 세계의 전통 종교는 모두 민족이나 문화, 계급이나 신분 등 여러 차이를 뛰어넘어 사람들에게 공통되는 '보편적 가치'를 탐구했습니다.

'죽이지 마라' '훔치지 마라' '속이지 마라' 등 전통 종교가 가르치는 황금률도 그 기초가 되는 것입니다. 불교에서도 다른 사람에게 베푸는 '자비'의 마음을 중시했습니다.

이러한 '보편적 가치'를 우리의 공유재산으로 재확인하고 함께 나누는 일이 중요하지 않을까요.

콕스 동감합니다. 인터넷의 출현으로 '보편적 가치'의 긴요성이 더욱 높아졌습니다.

생각해보니 불교의 '자비'라는 개념은 기독교의 중심적인 가르침, 다시 말해 이웃과 당신의 적조차 사랑하라는 가르침과 매우 비슷합니다.

유대교의 경우 '애(愛)'보다 '의(義)'라는 개념을 조금 더 강조한다고 합니다. 요컨대 유대교에서는 "사람은 설사 자애가 깊다 해도 거기에 '의'가 없는 한 그 '사랑'은 단순한 감상에 빠질 수도 있다"고 받아들입니다.

이케다 불교의 '자비'는 '발고여락(拔苦與樂)'을 의미합니다. 다시 말해 남이 겪는 '괴로움'을 해소하고 '즐거움'을 주는 행위를 의미합니다.

따라서 남을 깊이 배려하는 마음가짐과 아울러 괴로움을 일으키는 것과 '싸워야' 합니다.

석존이 《법화경》에 이어서 마지막으로 설했다는 《열반경》에는 "자비 없이 사친(詐親)함은 이는 그 사람의 원적(怨敵)이니라. 능히 규치(糾治)하는 자는 이는 호법(護法)의 성문(聲聞), 참된 나의 제자로다"라고 씌어 있습니다.

겉으로만 상냥함은 진정한 의미의 '사랑'도 아니고 '자비'도 아닙니다. 그것은 '무관심'의 산물이라고 해야 할 것입니다. 상대방을 정말로 생각한다면 때로는 엄하게 충고해야 합니다.

인간에게는 '불성(佛性)'[05]이라는 맑고 힘찬 생명이 내재되어 있습니다. 그것을 강하게 확신하는 일이 중요합니다. 그렇게 함으로써 선악을 명확하게 판별하고, 성실하고 진지하게 연계할 수 있다고 설합니다. 그 촉발이 있어야 비로소 인간의 존엄성을 끄집어내 연마하고 빛낼 수 있기 때문입니다.

그러므로 인간을 가볍게 여기고 유린하는 존재와 반드시 끝까지 싸워야 합니다.

콕스 정말 중요한 것은 모든 인간에게 갖추어진 존엄성, 기독교로 말하면 '신과 닮은 모습(신성)'[06]을 인식하고 존중하는 일이라고 생각합니다.

따라서 인간 존엄을 존중하고 연마해 그것이 성장하고 개화하도록 기회를 주어야 합니다. 대부분의 종교 전통이 이 점에 합의할 것입니다.

만인에게 불성이 내재한다고 설하는 《법화경》의 가르침도 그렇습니다. 그것은 불교에서 매우 중요하고 지극히 매력적인 특성이기도 합니다.

이케다 여러 종교가 다시 한 번 인간의 존엄성을 제대로 주시해야 합니다. 그리고 인류는 세계에 부르짖어야 할 '보편적 가치'를 발견해야 합니다.

《법화경》에서는 부처의 최고 지혜가 본디 모든 사람에게 갖추어져 있다는 것을 밝혔습니다. 그리고 그 지혜를 열고, 나타내고, 깨달아 그 지혜를 바탕으로 하는 삶에 들어가게 하는 일이 바로 부처의 목적이라고 설했습니다.

이 인간혁명이라는 최고의 지혜를 어떻게 빛내 인간 사회의 생활에서 살려갈 수 있는가, 거기에 앞으로 나아갈 시대의 큰 초점이 있는 게 아닐까요.

고민하는 사람들 속으로, 이것이 종교적 실천 정신

/

이케다 박사는 저서에서 "10대 후반쯤 '사회 개혁에 무관심한 종교'에는 도저히 찬동할 수 없게 되었다"고 쓰셨습니다.[07]

사회 정의를 실현하기 위해 종교는 어떤 공헌을 할 수 있는가. 이것은 매우 중요한 관점입니다.

기독교든, 이슬람교든, 불교든 모두 공통적으로 그 시작은 사회적 모순으로 괴로워하는 사람들에게 따뜻한 눈길을 보낸 일이라고 확신합니다.

제 스승인 도다 제2대 회장은 자주 "각 종교의 창시자가 한자리에 모여 회의하면 이야기가 잘 풀릴 것"이라고 말씀하셨습니다.

다시 말해 그렇게 하면 목표가 서로 명백해져 종교 간의 쓸데없는 다툼이 없어지고 더욱 관용할 줄 아는 정신의 높은 곳에 설 수 있기 때문입니다.

콕스 그렇습니다.

니치렌과 거의 비슷한 시대 사람으로 성(聖) 프란체스코[08]가 있습니다. 두 사람은 같은 세기에 태어났습니다. 성 프란체스코는 독자적인 방법으로 목적을 실현하고자 했습니다. 스스로 모범을 보이는 방법입니다. 토지와 재산을 갖지 않고 검소한 생활을 하며 큰 세속적인 권력도, 영향력도, 재력도 추구하지 않으면서 당시 교회의 권위에 도전했습니다.

그런데 다른 사람들은 사회를 개혁함으로써 그것을 실현하고자 했습니다. 기독교 역사로 말하면 청교도(퓨리턴)[09]가 전형적인 예일 것입니다.

청교도는 종교의 자유를 찾아 박해에서 벗어나고자 영국을 떠나 마지막에 신천지인 뉴잉글랜드를 찾았지만, 그 신천지에서 중대한 잘못을 저질렀습니다.

이케다 종교개혁이라는 이상을 내걸고 신교의 자유를 구해 일어섰는데, 이번에는 다른 신앙의 신념을 가진 사람들에게 자신들의 교의를 따르라고 강요했습니다. 이것은 역사의 중대한 교훈입니다.

콕스 그렇습니다. 사회 개혁을 위한 정신 구조가 일단 몸에 배면, 사람들은 때때로 '사회 개혁은 이런 방식으로 해야 한다'는 자신들의 비전에 찬동하지 않는 사람들에게 관용을 베풀지 못합니다.

이케다 그것은 종교든 사회든 경제든 '개혁'이 가진 큰 함정이라고 할 수 있습니다.

목표하는 '이상'이 숭고해도 그 수단이 성급한 강요나 강제와 폭력을 수반한다면 '이상' 자체가 가치를 잃습니다.

콕스 말씀하신 대로입니다. 기독교의 전통 중 제가 높이 평가하는 훌륭한 사회운동이 있습니다.

그것은 '사회적 복음(Social Gospel)'인데, 20세기 초반에 월터 라우션부시[10]라는 사람이 창설한 운동입니다.

라우션부시는 침례교 신학자이자 교수였습니다. 사회, 교육, 정치, 경제 등 여러 제도는 평등과 정의 그리고 평화라는 사고방식에서 충족되어야 한다고 외쳤습니다.

라우션부시가 특히 관심을 둔 사람은 노동자였습니다. 그의 교구(parish)는 '지옥의 부엌'이라 불리는, 뉴욕시에서 매우 가난한 지역이었습니다.

이렇게 매우 가난한 사람들에게 눈을 돌린 라우션부시는 기독교의 복음을 단순히 개인이 아닌 사회 전 계층에 적용해야 할 '사회적 복음'으로 이해했습니다.

이케다 먼저 괴로워하는 사람들 속으로 들어가는 것이 바로 종교적 실천 정신입니다.

창가학회도 초창기에는 '가난한 자와 병든 자의 단체'라고 불렸습니다.

그러나 그렇게 불린 이유도 불행의 밑바닥에서 희망을 잃어버린 사람들에게 구제의 손길을 뻗어 계속 희망을 보냈기 때문입니다.

제 스승은 "학회는 서민의 편, 불행한 사람의 편"이라고 자주 말씀하셨습니다. 이러한 비난과 중상이 바로 우리의 긍지라고 자부합니다.

'사회적 복음'을 창설한 라우션부시 ©gettyimages

시대와 국경을 뛰어넘어 흐르는 '양심의 지하 수맥'

/

콕스 잘 알고 있습니다. 제가 주목한 점도 그 점입니다. 이러한 초창기 정신은 바야흐로 전 세계에 크게 퍼진 SGI 운동에 살아 있습니다.

한편, 라우션부시는 문제를 해결하는 방도로서 일으키는 전쟁에 매우 격렬하게 반대하는 등 제1차 세계대전 중에도 일관된 반전론자였습니다.

라우션부시는 "내가 전쟁을 반대하는 이유는 전쟁이 문제를 해결하기보다 더욱 많은 어려운 문제를 가져오기 때문이다"라고 말했습니다.

이것은 올바른 사고방식입니다. 제1차 세계대전의 종결로 강제적으로 이룬 평화는 여러 문제를 해결하기보다 훨씬 더 많은 혼란을 부추기는 문제를 낳았습니다. 그것은 제2차 세계대전의 씨앗을 심는 결과가 되었습니다.

이케다 제1차, 제2차 세계대전의 비극과 오늘날 세계 각지에서 일어나는 분쟁의 역사를 보면 그것은 분명합니다.

간디나 킹 박사가 단호하게 '폭력'을 거부한 까닭도 '폭력'이 끝없는 재앙의 연쇄작용을 한다는 사실을 숙지하고 있었기 때문입니다.

또 제도나 기구를 정비한다고 해서 평화가 달성되는 것도 아닙니다.

콕스 제1차 세계대전 종결 후 얼마 되지 않아 라우션부시는 세상을 떠났습니다. 그러나 라우션부시가 펼친 운동은 그 뒤에도 완전히 소멸하지 않고 때에 따라 모습을 바꾸어 부흥했습니다. 지금도 환경 문제나 평화 문제에 힘쓰는 몇몇 기독교 운동에서 우리는 그 흔적을 볼 수 있습니다.

또 마틴 루터 킹 박사도 틀림없이 '사회적 복음'의 영향을 받았습니다. 킹 박사 자신이 그렇게 말했습니다. 간디도 그 영향을 받았습니다.

이케다 킹 박사는 젊은 날 라우션부시의 책을 읽고 종교인의 역할을 이렇게 썼습니다. 조금 길지만….

"어떤 면에서 나는 개인의 혼을 그들이 속한 사회에 맞게 바꿔야겠지만, 다른 면에서 내가 그 개인의 혼을 바꾸려면 사회도 바꾸려고 노력해야 합니다. 따라서 나는 실업이나 저소득층, 경제적 불안 등 문제에도 관심을 가져야 합니다.

나는 애초부터 사회적 복음을 고취하는 사람입니다."[11]

마하트마 간디도 사회 최하층 사람들과 차별받는 사람들에게 따뜻한 눈길을 보냈습니다. 불가촉천민(不可觸賤民)[12]을 '하리잔(신의 자식)'이라고 부른 일도 그 예입니다.

간디는 자신이 주재하는 〈영인디아〉 신문을 〈하리잔〉 신문으로 개명하고 '하리잔봉사단'을 조직해 하리잔의 해방과 농촌 재건 운동에 힘썼습니다.

가장 불행한 사람이야말로 가장 행복해질 권리가 있습니다. 그러려면 종교인은 있는 힘을 다해야 합니다.

그 정신의 투쟁은 시대를 뛰어넘고 국경을 뛰어넘어 도도한 '양심의 지하 수맥'이 되어 사람들을 널리 윤택하게 해줄 것입니다.

비애와 고뇌의 눈물이 없는 더 나은 세기를 열기 위해 우리는 한층 힘써야 합니다.

작은 집회야말로 종교의 기본

이케다 그런데 미국 심리학자 로버트 J. 리프턴[13]은 "최근 인

터넷을 기둥으로 하는 정보통신의 고속화와 글로벌화로
인해 막연한 불안감이 세계를 감싸고 있어 갑자기 폭주할
위험이 있다"고 지적했습니다.

즉, 현대 사회는 어떤 문제를 해결하려고 해도 이해관계
등 여러 요소가 복잡하게 얽혀 있어 좀처럼 변혁할 수 없습
니다. 그렇기 때문에 한 번에 모든 것을 처음으로 돌리고 처
음부터 새롭게 확립하는 편이 낫다는 심리가 작용하기 쉽
습니다.

리프턴은 베트남전에 참전한 많은 병사의 심리를 분석했
습니다. 그리고 병사들에게서 '손쓸 수 없을 정도로 뒤떨어
진 베트남의 마을을 구하기는 어렵다. 그러니 마을을 구하
려면 마을을 파괴해야 한다'는 심리를 발견했습니다.

이후 광신적 테러리스트의 마음을 분석해, 그들에게서도
같은 심리를 발견했습니다. 리프턴은 이러한 심리에 뿌리내
린 폭력을 '묵시록적 폭력'이라고 불렀습니다.

이러한 정신적 토양에 인터넷이라는 과학기술이 더해져
묵시록적 폭력의 글로벌 시스템이 만들어졌다는 것이 리프
턴의 지적입니다.[14]

콕스 현실 세계에는 모순이나 갈등이 넘칩니다. 이것을 이겨 내야 합니다. 내버려 두면 안 됩니다. 그러나 이겨내려면 끈기 있게 노력하는 방법밖에 없습니다.

한 가지 모순을 이겨내도 또 새로운 모순이 생길 것입니다. 현실은 그렇습니다. 한 번에 모순을 없애며 완전히 자유로워질 수는 없습니다.

오히려 모순이나 갈등을 직시하고 이겨내고자 계속 노력함으로써 우리 정신은 깊어지고 복잡한 미래를 깊이 생각해, 한 걸음 한 걸음 해결을 향해 점진적으로 나아갈 수 있습니다.

이케다 견실하고 착실하게 점진적으로 인생의 왕도(王道)를 꿋꿋이 나아간다, 이러한 강인한 의지를 단련하는 것이 종교의 본디 역할입니다.

다만 종교가 중요하다고 해도 혼자 신앙을 관철하기는 상당히 어렵습니다.

박사는 저서에서 현대의 개인주의적 풍조를 우려하는 동시에 조직의 중요성을 말씀하셨습니다. 이때 '승가'[15]라는 불교 조직을 언급하셨습니다.

재즈 피아니스트 행콕 씨도 참석한 미국SGI 좌담회

콕스 예. 종교가 인간을 끌어당기는 근본적인 요소는 사람들을 잇는 힘입니다.

예전에 제가 사사한 교수가 이렇게 말한 일이 생각납니다.

"우리는 신학자로서 여러 종교를 연구하고 여러 종파를 연구하지만, 사실 사람들이 참여하는 것은 종교나 종파가 아닙니다. 사람들이 참여하는 것은 실제로 (예배 등) '집회'입니다."

이케다 인간끼리 교류하고 계발하는 일이 신앙을 깊이 다지기 위해서도 중요하다는 말이군요.

콕스 그렇습니다. 거기에는 사람들을 잇는 연대가 있고 서로 생각하는 신뢰가 있습니다. 인간은 거기서 개방감을 느낍니다. 적어도 제가 생각하는 종교관에서는 이러한 '집회'가 종교의 기본을 형성한다고 생각합니다.

이것은 기본적으로 소단위인데 여러 종교는 거기서 형성됩니다. '집회'의 요소가 별로 보이지 않는 종교도 있습니다만….

이케다 우리 SGI도 '좌담회'라는 소단위 집회를 활동의 기반으로 삼고 있습니다. 거기에서는 노인이나 젊은이가 모여,

서로 떠안고 있는 문제에 귀 기울이고 각각 의견을 나누며 격려합니다.

특히 미국에서는 많은 사람이 인종의 차이를 뛰어넘은 매우 드문 성공 사례로 감탄하고 있습니다.

쿡스 지금 바로 그러한 '승가'가 필요합니다.

이케다 스승 도다 제2대 회장은 "도다의 목숨보다 소중한 학회 조직"이라고 말씀하셨습니다.

스승의 가슴에는 신앙으로 용기와 희망을 끌어올려 힘껏 인생의 고난과 싸우는 벗 한 사람 한 사람의 얼굴이 떠나지 않았습니다.

스승의 오체에는 괴로워하는 벗의 행복을 위해 자신의 목숨을 내던지고 온 힘을 다하겠다는 뜨거운 각오가 늘 넘쳤습니다.

'조직'이라 해도 결코 추상적인 것이 아닙니다. 인간의 연대 그 자체이고, 거기에는 따뜻한 피가 흐릅니다.

한 사람 한 사람의 '얼굴'을 잊은 곳은 조직을 이용하기 시작하고, 거기서 조직의 악(惡)이 불어닥칩니다. 그것을 용납하지 않는 인간주의의 '승가'를 구축해야 합니다.

콕스 틀림없이 그렇습니다. '철저할 정도로 한 사람을 소중히!'라는 정신이 약동하기에 SGI는 눈부시게 발전했다고 생각합니다.

제5장

문명을 잇는 평화를 향한 행동

급격한 시대 변화와 종교의 '원점 회귀'

/

콕스 세계의 대학과 학술기관이 이케다 회장에게 수여한 명예학술 칭호는 이번에 베이징사범대학교가 명예교수 칭호(2006년 10월 7일)를 수여함으로써 정확히 200개가 되었다고 들었습니다(2019년 8월 현재 387개).

이케다 회장이 평화와 학술을 위해 공헌한 증거입니다. 진심으로 축하합니다. 대단히 축하합니다.

이케다 감사합니다.

이 칭호들은 모두 세계 각지에서 사회를 위해 공헌하고 활약하는 우리 SGI 멤버를 칭찬하는 증거라고 생각합니다.

또 청춘 시절, 10년 동안 만반에 걸쳐 학문을 가르쳐주신 스승 도다 조세이 선생님 덕분이라고 깊이 감사하고 있습니다. 앞으로도 평화와 문화 그리고 교육의 발전을 위해 더욱더 정진할 결심입니다.

그런데 지금까지 우리는 '종래의 전통 종교가 세계화와 정보사회의 발전 등 급속한 시대 변화의 도전을 받고 있다'고 논했습니다.

그러한 변화에 대한 대응책으로서 이슬람교, 기독교, 힌두교 등 여러 종교에서 급진적 세력 대두에 초점이 크게 모아지고 있습니다.

이러한 경향은 종교의 본디 교의나 정신으로 되돌아가려는 '원점 회귀' 현상과도 불가분의 관계에 있다고 생각합니다.

박사는 이러한 움직임을 어떻게 보십니까?

콕스 어떤 종교가 사회 변화에 대응하려고 하면 그중 어느 진영에서 '그러한 변화는 신앙의 실질적인 중심부를 포기하는 일'이라고 비판하고 공격하는 일이 허다합니다.

과거 약 100년에 걸쳐 '펀더멘털리스트(근본주의자, 원리주의자)' 운동이 출현한 이유는 실로 여기에 있습니다.

이케다 '펀더멘털리즘(근본주의, 원리주의)'[01]은 본디 미국에서 개신교 특정 종파의 사상을 가리킨 말이지요.

이 말의 정의와 용법에 관해서는 다양한 논의가 있지만, 지금은 일반적으로 '교의를 글자 뜻 그대로 엄격하게 해석해 실천하려는 사상'에 널리 쓰이게 되었습니다. 또 종교뿐 아니라 특정 철학이나 명제를 절대적인 것으로 여기는, 배타적인 사상이나 태도를 가리키는 경우도 있습니다.

일반적으로는 과격하거나 부정적인 인상으로 받아들이는 경우가 많습니다.

콕스 예. 그렇다고는 해도 세계의 모든 전통 종교에는 사실상 어떤 형태로든 근본주의 운동이 존재하는 법입니다. 기독교만이 아닙니다. 저는 하버드대학교[02]에서 어느 과정의 강의를 담당했는데, 이 강좌에서는 다양한 전통의 근본주의와 사고방식을 비교, 검토했습니다.

흥미롭게도 각각의 근본주의에는 공통점이 있습니다. 물론 많은 점에서 차이는 있지만 공통점도 몇 가지 있습니다.

한 가지 예를 들면, 극히 급진적인 이슬람주의자 집단은 서양에 반발한다기보다 오히려 온건하고 자유주의적인 이슬람 사람들에게 반발합니다.

다시 말해 서양에 대한 이슬람의 투쟁은 사실 이차원적인 것에 불과합니다. 그들은 미국을 자신들 나라 안의 '진정한 이슬람'이 아닌 사람들의 '지원자'로 보고 있습니다.

이케다 그렇군요. 공격의 화살은 사실 그 종교나 문화의 바깥쪽이 아니라 우선 안쪽을 향한다는 말이군요.

콕스 그렇습니다. 그리고 어떤 형태의 근본주의는 극히 좁고 배타적으로 되기 쉬워서 '근본주의는 위험하다'라고 말할 수도 있겠지만 또 다른 면에서 말하면 근본주의도 완전히 쓸모없지는 않습니다.

근본주의는 다양한 전통이 변화에 적응할 때 '필요한 변화'와 더불어 전통 핵심 부분의 '계속성'도 잊으면 안 된다고 우리에게 상기시켜주기 때문입니다.

그런 의미에서 근본주의자보다도 전통주의자[03]가 더욱 건설적으로 공헌하고 있다고 저는 생각합니다.

여러 종교의 전체상에서 생각하면 전통주의자들이 순수한 목적에 걸맞은 활동을 하고 있다고 생각합니다.

근본주의는 근대적인 현상

/

이케다 말씀하신 의미는 잘 알겠습니다.

불법에는 '수방비니(隨方毘尼)'라는 사상이 있습니다.

'불법의 본의와 다르지 않은 한 각 지역이나 시대 풍습에 따라야 한다'는 사고방식입니다. 그러나 근본 가르침을 잊고 일탈하면 본말이 전도됩니다.

우리 SGI도 시대 변화에 대응해 각국의 전통이나 문화 등을 배려하며 신앙의 '핵심'이 되는 부분의 '계속성'을 소중히 하고 있습니다.

콕스 그렇군요. 대단히 중요한 관점입니다.

이케다 이전에도 화제가 되었지만 1991년 11월, 종문이 창가학회를 '파문'하는 전대미문의 폭거가 있었습니다. 1000만이나 되는 신도를 일방적으로 내쳤습니다.

이는 '승려가 위, 신도가 아래'라는, 완고하여 사물을 제대로 판단하지 못하는 종문의 체질과 부패, 타락이 원인이었습니다.

박사가 "종문과 결별한 일은 어쩌면 SGI에 일어난 가장 잘된 일"이라고 말씀해주신 대로 종문으로부터 독립은 오히려 SGI야말로 모든 사람의 평등과 존엄을 설하는 니치렌불법의 정통임을 증명했습니다.

그리고 사회와 세계에 더욱 열린 단체로 크게 비약하고 발전하는 계기가 되었습니다. 당시 115개국·지역이던 SGI의 연대가 지금은 190개국·지역까지 넓어졌습니다(2008년 7월 현재, 192개국·지역).

그런데 박사가 말씀하신 근본주의자와 전통주의자는 구체적으로 어떤 점에서 차이가 납니까?

록스 제가 볼 때 전통주의는 어떤 종교 공동체에나 있는 운동으로, 때로는 커다란 집단을 형성하기도 합니다.

그들은 기도 방법이나 의식, 성전 연구, 특정 축제, 휴일 또는 식습관 등 그 종교에 관한 모든 일에 예부터 내려오는 전통적인 방식을 고집합니다. 그들은 그것을 부모나 조부모들에게서 이어받고 있습니다.

이에 대해 근본주의자는 어느 특정 시대나 특정 성전으로 되돌아가서 특정 부분을 '선택적'으로 골라내어 부활시켜 현대의 '투쟁'에 이용하는 사람들입니다.

따라서 근본주의는 근대적인 현상입니다. 우리는 때때로 그 점을 잊기 쉽습니다.

그것은 전통주의와는 다릅니다. 그리고 전통주의자는 대부분 근본주의자의 행동을 두려워합니다.

이케다 때로는 그러한 사상이 편협하고 맹목적인 사고나 폭력의 온상이 되기 쉽다고도 지적합니다.

콕스 예. 앞에서 논한 대로 사실상 모든 종교적 전통에 초보수적인 근본주의적 세력이 생기고 있습니다. 게다가 대부분 내부에 더욱더 폭력적인 하부 조직을 거느리고 있습니다.

기독교의 근본주의자 중에는 소수이기는 하지만 임신중절 병원(진료소)에 대한 폭력 행사조차 정당하다고 믿는 듯한 사람들도 있습니다. 아시겠지만 그들은 임신중절 병원에 폭탄을 설치해 폭파하거나 병원의 의사나 직원을 살해하는 일조차 서슴없이 합니다. 게다가 그들은 앞으로 태어날 아이의 생명을 구하는 것이라며 그러한 행위를 정당화하고 있습니다.

보수적인 유대교도 중에도 근본주의자 세력이 있는데, 그중 일부는 이웃 나라 아랍인뿐 아니라 자국민에 대한 폭력 행사도 마다하지 않습니다. 이러한 유대교의 초보수주의자에는 자국 총리를 총으로 암살한 인물도 있습니다. 또 이슬람교에서도 보수적인 일부 세력이 같은 이슬람교 사람들에게 폭력을 행사하는 경우도 있습니다.

이처럼 종교적 폭력은 어떤 의미에서 경계해야 합니다. 그러나 어디까지나 개인적인 견해이지만 앞으로 그런 세력이 증대하거나 크나큰 해를 초래하리라고는 생각하지 않습니다.

모든 문명을 같은 척도로 보려 하면 안 된다

이케다 박사의 견해는 잘 알았습니다.

생각해보면 이슬람교는 소련 붕괴 후 서유럽 세계가 경계해야 할 '새로운 적'으로 떠오른 면이 있습니다.

이전에도 화제가 되었지만 1993년, 소련 붕괴와 같은 때에 헌팅턴 교수의 《문명충돌론》이 발표된 것도 그러한 시대 사조와 무관하지는 않을 것입니다.

록스 근본주의는 어떠한 때에 상당히 위험해지는가.

그것은 어떤 정치적 명분을 내세우는 운동이나 그 동기 또는 이상에 결부된 때라고 저는 생각합니다.

이케다 지당한 말씀입니다. 폭력이나 분쟁의 원인을 단지 종교의 교의 그 자체에서 구하는 것은 난폭한 시각이라고 말할 수 있습니다. 그 배경에는 복잡한 정치적, 사회적 상황이 반드시 얽혀 있기 때문입니다.

그리고 그러한 불안정한 상황을 만들어내는 원인은 그저 막연히 '종교의 위험성을 격하게 말하는 쪽'에 있는 경우가 많습니다.

록스 예. 저는 '문명 충돌'이라는 사고방식과는 의견이 다르지만 실은 헌팅턴 교수의 저서에는 적어도 장점이 하나 있다고 생각합니다. 바로 다양한 문명에는 저마다 다른 일면이 있으므로 모든 문명을 같은 척도로 보려 하면 안 된다는 점입니다. 우리는 다양한 문화를 균일하게 보면 안 됩니다. 다른 여러 문화가 저마다 독자적 원동력 속에서 발전하도록 장려해야 하고, 서양의 관점을 강요하면 안 됩니다.

헌팅턴 교수의 저서 중 이 부분은 그다지 널리 읽히지도 않고 또 평가받지 못했습니다. 그러나 저는 이 부분이 좋은 관점이라고 생각합니다.

그 의미는 '귀를 기울여라. 차이의 가치를 존중하라. 그저 유사점이나 공통점만을 찾지 마라'라는 뜻입니다.

이케다 '귀를 기울인다.' 지금이야말로 가장 필요한 것이군요. 차이를 인정하고 다양성을 존중하는 자세가 중요합니다.

제 소중한 우인이자 아프리카 첫 노벨 문학상 수상자인 월레 소잉카[04] 씨는 이렇게 말씀하셨습니다.

"다른 사람의 몸이 되어 상상력을 발휘하는 일이 정의의 기본입니다."[05]

아무리 숭고한 이념을 내걸어도 거기에 타인에 대한 공감이나 자애가 없다면 진정한 '정의'라고는 말할 수 없습니다.

나아가 또한 중국 사상 연구의 제일인자인 투 웨이밍[06] 하버드대학교 교수는 저와 나눈 대담 《대화의 문명》에서 유교[07]의 전통 정신을 《논어》[08]에 나오는 말을 들어 밝히셨습니다.

"기소불욕 물시어인(己所不欲 勿施於人, 자기가 하고 싶지 않은 일은 남에게도 시키면 안 된다.)"

"기욕립이립인 기욕달이달인(己欲立而立人 己欲達而達人, 자기가 서기를 바라면 남을 세우고, 자기가 일을 성취하려면 먼저 남을 도와 그의 일을 달성하게 한다.)"

이것은 유교의 '인(仁)' 사상입니다.

그리고 또한 석존은 "살아 있는 모든 생명은 사랑스럽다. 자신에게 견주어, 죽이면 안 된다. 죽게 하면 안 된다"[09]라고 자비정신을 설했습니다.

'자신에게 견주어'라고 타인을 배려하고 존중하는 중요성을 가르쳤습니다. '상대방 처지에서 생각하는' 상상력을 연마하고자 본디 종교가 있습니다.

콕스 그렇습니다. '상상력'과 '계속 질문하려는 마음'이 중요합니다. 일찍이 저는 "나는 그 답을 찾았다"고 씌어 있는 범퍼 스티커를 자주 보았습니다. 자신들은 이미 '해답을 찾아냈다'는 말입니다.

이 스티커를 붙이고 있던 사람은 기독교 근본주의자들이었다고 생각합니다. 이에 대해 저는 그 범퍼 스티커에 '나는 계속 질문하고 있다'고 쓰는 것이 좋다고 생각한 적이 있습니다. 왜냐하면 계속 질문하는 한 우리는 완전한 인간으로 계속 있을 수 있다고 생각하기 때문입니다.

'귀 기울이기'는 당장이라도 실행할 수 있다

/

이케다 함축적인 이야기입니다.

그러한 겸허한 자세야말로 다른 문화나 문명을 잇는 대화의 출발점입니다.

2001년 '9·11' 테러사건은 전 세계 사람들에게 큰 충격을 주었습니다. 어떤 대의를 내세울지라도 테러 행위는 절대 용납할 수 없습니다.

그런데 어째서 그러한 참사가 일어났는가. 증오에 불타 테러에 몸을 내던지는 사람을 만들어낸 것인가. 그 물음을 진지하게 마주하고 평화를 위해 계속 행동하는 일이 중요합니다.

콕스 '9·11'은 미국 국민 사이에 있던 '무적의 나라 미국'이라는 위험한 신화를 무너뜨렸습니다.

우리나라는 두 대양으로 인해 다른 세계로부터 격리되어 군사대국, 경제대국임을 긍지로 여겼습니다.

그런데 경제대국을 상징하는 뉴욕 세계무역센터 빌딩과 군사대국을 상징하는 워싱턴 펜타곤(국방부 건물)이 동시에

'9·11' 테러 현장에서 희생된 소방관들의 벽면 조각 ©pio3 / Shutterstock

어느 날 갑자기, 그때까지는 사람들이 대부분 잘 모르던 힘에 의해 공격받았습니다.

이케다 '9·11' 사건으로 3000명에 가까운 사람들이 희생되었습니다. 거기에는 다양한 민족과 종교, 문화적 배경을 가진 사람들이 있었습니다. 그중에는 우리 소카대학교를 가장 우수한 성적으로 졸업한 사람도 있었습니다.

테러 사건에 대한 많은 사람의 깊은 슬픔과 크나큰 분노를 저도 함께 나누었습니다.

그러나 동시에 그 사건을 계기로 아프가니스탄을 비롯한 많은 지역에서 무고한 수많은 사람이 고귀한 목숨을 잃은 일도 가슴이 아픕니다.

보복성 폭력은 제한이 없는 연쇄 폭력을 일으킵니다.

우리가 안전한 세계를 바란다면 증오와 폭력의 연쇄를 끊는 일, 다시 말해 테러를 낳은 근본 원인을 밝히고 제거하려는 노력이 필수 불가결하지 않을까요.

콕스 테러는 대체로 약자의 수단입니다. 그것 이외에는 자신들의 권리를 주장하고 억압에서 벗어날 방법이 없다고 믿는 사람들이 쓰는 수단입니다. 그러므로 테러라는 수단에 치우치는 것은 대규모 군대를 가진 대국이 아니라 그러한 무력을 갖고 있지 않은 소수파 집단입니다.

그러나 그 근저에 내재하는 요인은 단순한 빈곤과 기근이 아닙니다. 진짜 원인은 대부분 '자신들의 존엄을 인정받지 못한다'는 감정에 있습니다.

그들은 자신들이나 자신들의 국토와 문화가 상응하는 충분한 평가를 받고 있지 않다고 느낍니다.

이케다 현대 테러의 원인에 관해서는 긴 역사 속에서 조성된 요인이 배경에 있고, 그것이 세계 정치나 경제, 종교 사정 등과 복잡하게 얽혀 있습니다. 폭력의 쇠사슬은 '9·11'에서 갑자기 시작된 것이 아니라 과거와 미래로 이어져 있습니다.

그러므로 멀리 돌아가는 것 같아도 폭력의 쇠사슬을 끈기 있게, 착실하게 풀어가는 수밖에 없습니다. 어떠한 이유든 폭력을 해결 수단으로 선택하는 것은 미래 세대에 크나큰 재앙이 된다는 것을 우리는 명심해야 합니다.

콕스 저는 '9·11'을 비행기조차 보유할 수 없는 사람들이 저지른 테러 공격의 상징적인 예라고 생각합니다. 그들은 비행기를 보유할 수 없기에 공중 납치를 할 수밖에 없었습니다.

덧붙여 말하자면 그것은 미국을 주요 적국으로 여긴 것이 아니라 '그들이 대항하는 무슬림 정권에 가담하는 동맹국으로서의 미국'을 공격한 것이었습니다.

물론 메카[10]나 메디나[11]라는 성지 근처에 미군이 주둔하고 있는 데 대한 울분도 하나의 이유였을지 모릅니다. 그러나 그 사건은 '문명 충돌'이 원인도 아니고 그러한 성격을 띠지도 않습니다.

여하튼 현재 세계의 크나큰 긴장이 때때로 이슬람 세계의 여러 표현 형태 안에 생기는 점은 사실이지만, 우리는 이슬람이 내포하는 원동력과 다양한 당파, 학파, 사상적 경향이 지닌 역동성을 이해해야 합니다. 이슬람을 하나의 불온한 이미지로 여기면 안 됩니다.

이케다 이전에도 말씀드렸지만 저는 이란 출신 테헤라니안 박사와 대담할 때 이슬람 전통문화와 종교에 관해 이야기를 나누었습니다.

터키 출신으로 세계적인 문화인류학자인 눌 야먼[12] 하버드대학교 교수와도 거듭 대화했습니다.

이슬람 세계는 실로 다양성으로 가득한 매력 덩어리 세계

테헤라니안 박사와 회견하는 이케다 회장(1996년)

입니다. 우리는 그러한 이슬람 세계를 더 잘 알고 이해하고자 노력해야 합니다.

콕스 박사는 일찍이 제게 기독교와 이슬람의 가교 역할로서 불교에 대한 기대를 말씀하셨습니다.

또 저서에 다음과 같이 쓰셨습니다.

"불교가 '분쟁 해결에 어떻게 대응해야 하는지'라는 고뇌에서 탄생한 종교라는 점은 종교의 분쟁 해결 능력에 관심 있는 사람의 마음을 끌 것이다."[13]

이러한 불교에 대한 기대에 제 나름대로 있는 힘껏 부응하고자 합니다. 물론 세계의 긴장 없애기, 테러 원인에 대처하기는 하루아침에 가능하지 않습니다. 그러나 '대화하기' '귀 기울이기'는 당장이라도 실행할 수 있습니다.

콕스 그렇습니다.

기독교와 이슬람교 그리고 불교라는 세 가지 종교가 3자 회의 테이블에서 진심으로 의견을 나눈다면 그것은 매우 흥미로운 결과를 낳을 것입니다. 저마다 종교는 서로 풍요롭게 만들고, 상대에게서 소중한 것을 이끌어낼 것입니다.

제6장

생명 존엄과 핵 폐기를 위한 길

2007년을 평화를 향한 새로운 출발점으로

/

이케다 2007년은 평화를 향해 전진하는 중요한 마디가 되는 해입니다.

핵무기 폐기를 위해 전 세계 과학자가 한자리에 모인, 지금은 돌아가신 조지프 로트블랫 박사[01]가 인생을 바치신 '퍼그워시회의' 탄생 50주년, 또 원자력의 평화적 이용과 군사적 전용(轉用) 방지를 위한 '국제원자력기구(IAEA)' 발족 50주년이기도 합니다. 지난 2006년 11월, 모하메드 엘바라데이[02] 사무총장과 미래에 대한 전망을 함께 이야기했습니다.

그리고 스승 도다 조세이 제2대 회장이 '원수폭금지선언'[03]

을 발표한 지 50주년을 맞았습니다. 원수폭금지선언은 우리 SGI가 펼치는 평화운동의 원점입니다. 이 의의 깊은 해를 민중의 연대를 넓히는 새로운 출발점으로 삼을 결심입니다.

콕스 SGI의 평화운동에도 중요한 해를 맞았군요. 운동이 더욱더 발전하기를 진심으로 염원합니다.

지금 핵무기 문제는 제게 중대한 관심사이자 또 모든 사람이 관심을 가져야 할 중요한 문제입니다.

그다지 화제가 되지는 않았지만 우리에게는 비핵국과 핵무기 보유국이 조인한 '핵확산금지조약(NPT)'[04]이 있습니다. 비핵국은 핵무기 개발을 하지 않겠다고 약속하고, 핵무기 보유국은 핵 군축을 약속했습니다. 그러나 핵무기 보유국은 그것을 실행하지도 않고, 착수조차 하지 않았습니다.

2005년 봄, 뉴욕에서 핵확산금지조약에 조인한 체결국이 모여 회의를 개최했습니다. 그러나 그들은 회의에는 참석했지만 우리가 할 수 있는 일은 하나도 없다며 해산해버렸습니다. 회의는 대실패로 끝나 아무 일도 실행되지 않았습니다.

그해, 우리는 핵 전쟁 방지를 목적으로 하는 그룹으로서 서로 다른 종교로 이루어진 동맹을 결성했습니다. 저는 종교계가 함께한다면 이 핵 문제에 관해 할 수 있는 일이 무언가 있지 않을까 하고 느꼈습니다. 어떤 조사에 따르면 미국 국민은 대부분 핵 군축을 지지한다고 합니다.

이케다 불교나 기독교, 이슬람교 등 어느 종교나 '생명 존엄'을 설하고 있습니다. 그 공통 기반에 서서 인류 평화를 위해 대화하고 협조하는 일은 종교가 해야 할 당연한 사명입니다.

또 일본은 세계 최초의 피폭국이기에, 해야 할 사명과 책임은 더욱 무겁다고 생각합니다.

우리는 그러한 신념으로 세계 각지에서 〈핵 위협전〉05 등을 개최해 핵무기의 공포를 알렸습니다. 1998년에는 SGI의 청년부가 핵무기 폐기를 주장하는 1300만 명의 서명을 모아 유엔에 전달했습니다.

저도 2006년 9월에 발표한 유엔 제언에서 긴박해지는 핵 문제를 언급하고 '핵무기 폐기를 위한 민중행동 10년'을 유엔에서 제정하도록 제안했습니다.

지금 세계에는 핵무기의 공포가 넓어지고 있습니다. 우리는 지금이야말로 강력하게 행동해야 한다고 뼈저리게 느끼고 있습니다.

콕스 우리 사회에는 핵무기 문제를 외치는 소리는 많지만, 자칫 그것이 실제로 대응해야 할 중심 과제라는 점이 잊히기 쉬운 것이 문제입니다.

이케다 예. 문제가 있다고 생각하지만 행동하지 않습니다.

냉전이 끝난 뒤, 세계는 사람들의 기대를 저버리고 점점 더 혼미해졌습니다. 그 원인에 대해 세계 질서의 급격한 변화와 전쟁경제[06] 문제, 세계화가 초래한 불평등과 빈곤 등여러 각도에서 분석했지만 그것들과 더불어 저는 인간 자신 다시 말해 정신과 사상의 문제에 지금 다시 한 번 관심을 가져야 한다고 생각합니다.

왜냐하면 실제로 폭력이 있거나 빈곤 등 구조적 폭력[07]이일어나도 그것을 일으키거나 남의 불행을 방관하는 존재는 인간이기 때문입니다. 결국은 이 본질적인 문제에 귀착한다고 생각합니다.

콕스 요한 바오로 2세 교황(당시)이 2002년 신년 메시지에서 "정의 없이 평화는 없다"고 하신 말씀이 떠오릅니다. 저는 '평화를 바란다면 정의를 구해야 한다'는 주장에 전적으로 찬동합니다.

평화 운동이나 평화 단체는 때때로 폭력 행위나 교전 상태라는 사실에만 주목한 나머지 그러한 폭력이나 전쟁의 이면에 잠재한 진정한 요인을 못 보고 지나치는 경향이 있습니다. 어떠한 상황에도 늘 무언가의 부정이 뒤에 숨어 있습니다.

이케다 말씀하신 대로입니다. 도다 제2대 회장은 '원수폭금지 선언'에서 "모든 인간에게는 생존권이 있다, 그 권리를 위협하는 자는 '마물(魔物)'이고 사탄"이라고 갈파하셨습니다.

원폭 투하로 수십만 명의 존귀한 생명을 앗아간 히로시마, 나가사키와 같은 비극이 두 번 다시 일어나면 안 됩니다.

일찍이 플라톤[08]이 《국가》에서 논한 대로 인류 역사에는 힘 있는 자, 전쟁의 승자가 이른바 '정의'를 독점한 면이 있습니다. 그러나 승자 쪽에 반드시 '정의'가 있는 것은 아닙니다.

진정한 '정의'는 민중의 '행복'이자 '평화'여야만 합니다. 어떠한 대의(大義)가 있다고 해도 거기에 불행한 사람들이 있는 한 '정의'는 존재하지 않습니다.

단계적으로 확대되는 전쟁 폭력

/

콕스 제2차 세계대전 중 독일 드레스덴[09]과 함부르크[10]에서도 연합군의 무차별 폭격이 있었습니다. '정의'라는 이름 아래 지나치다고 생각될 정도로 두려운 공습이 시민을 덮쳤습니다. 그리고 그 희생자는 대부분 민간인이었습니다.

지금 돌이켜보면 어째서 그런 무서운 일이 일어난 것인지 불가사의합니다. 당시 저는 아직 어렸지만 공군기 몇 천 대가 거의 전쟁이 끝날 무렵에 드레스덴을 비롯해 독일의 여러 도시를 파괴한 뉴스를 선명하게 기억합니다.

일반적인 억측으로는 그 공습도 실제로 독일에 타격을 주는 것이 목적이 아니라 소련에 미국의 군사력을 보여주는 것이 주된 목적이라는 것이었습니다.

저는 히로시마와 나가사키의 원폭 투하에도 비슷한 동기가 숨어 있다고 생각합니다. 첫째, 미국은 소련이 일본의 북방지역을 침공하기 이전에 가능한 한 빨리 전쟁을 끝내고 싶었기 때문이라고 생각할 수 있습니다.

지극히 냉엄한 현실이지만 전쟁의 포학성은 전쟁이 진행

되면서 고조됩니다. 일반적으로 전쟁 초기에는 비교적 소규모인 폭력이 점차 거대한 폭력으로 확대됩니다.

이케다 처음에는 작은 폭력이더라도 횟수를 더할수록 감각이 마비되어 큰 폭력을 휘두르게 됩니다.

이것이 폭력 그리고 전쟁의 무서움이자 인간 마음의 무서움입니다.

록스 그렇습니다. 그 전형적인 사례의 '발단'이 게르니카[11]입니다. 스페인 내전[12] 때 게르니카라는 작은 마을에 가한 공습은 거센 항의를 낳았습니다. 그 공습으로 60명 정도 사망자가 나왔습니다. 사망자 수는 다른 대량학살에 비하면 적지만 그 희생자가 주로 민간인이었기에 전 세계적으로 항의를 받았습니다. 파블로 피카소[13]는 그 유명한 '게르니카'를 그렸습니다.

반면, 히로시마에서는 아마 순식간에 약 6만에서 8만 명, 드레스덴에서는 아마 10만 명 이상 사망자가 나왔을 것입니다. 그러나 둘 다 항의하는 목소리는 오히려 조용했습니다. 이처럼 폭력은 끊임없이 속도를 내어 확산되는 반면에 인간은 폭력에 마비되어 그 잔학성을 이해하기 위한 정상적인 감각이나 능력을 잃습니다.

이케다 일단 전쟁이 시작되면 '목적이 수단을 정당화하는' 과정이 끊임없이 진행됩니다.

'이성은 도움이 되지 않는다.' '사람은 선(善)을 이루려고 악을 행한다.' ─ 베트남전쟁에 참여한 로버트 맥나마라[14] 미국 전 국방장관도 일본을 비롯해 베트남, 소련과 벌인 전쟁을 깊이 반성하고 얻은 '열한 가지 교훈'에 이 두 가지를 포함시켰습니다.

그리고 또 제한 없는 폭력 확대를 추진하는 이른바 '촉매' 역할을 하는 것이 무기의 '진보'입니다.

무기가 '진보'하면서 인간은 버튼 하나로 수십, 수백 킬로미터나 떨어진 지점을 폭격할 수 있게 되었습니다.

이러한 과학기술의 '진보'는 터무니없이 큰 살상력을 낳은 한편, 가해자와 피해자의 물리적, 심리적 거리를 넓혀 사람을 죽이는 '아픔'을 무감각하게 만들고 말았습니다. 핵무기는 그 '진화'의 상징입니다.

맨해튼 계획이 현대에 남긴 교훈

/

콕스 미국에서 최초로 원자폭탄 개발에 종사한 사람들, 다시 말해 로버트 오펜하이머[15]를 비롯해 로스앨러모스[16]에서 함께한 그의 동료들은 대부분 당시 나치스 독일이 이미 같은 폭탄의 제조에 착수했다고 믿었습니다. 그리고 독일 측이 완성하기 전에 원자폭탄 개발을 완성하고 싶어 했습니다.

그래서 그들은 열심히 맨해튼 계획[17] 연구에 힘썼습니다. 그것은 역사상 가장 큰 과학적 사업 중 하나였습니다. 연구에 종사한 사람들은 모두 과학의 최첨단 사업을 담당하는 일이 얼마나 자극적인지 몸소 느끼고 있었습니다.

실로 그들은 과학의 제일선에 몸을 두고 나치스에는 절대로 선수(先手)를 빼앗기지 않겠다는 목표로 이 '멋진 계획'에 참여했습니다.

그러나 머지않아 그들 중 몇몇은 독일이 원자폭탄을 제조하지 않는다는 사실을 알았습니다.

몇몇 과학자들은 '그럼 무엇을 위해 이 연구를 계속할까?' 하고 생각했습니다. 그러나 실제로 로스앨러모스를 떠난 과학자는 단 한 명밖에 없었습니다.

이케다 그때 맨해튼 계획에 참여한 과학자의 태도는 크게 세 가지 유형이었다고 생각합니다.

첫째, 연구 성과가 어떻게 이용되든 도의적인 관심이 전혀 없는 사람.

둘째, 핵무기 개발 목적에 의문을 품고도 그럴듯한 이유를 찾아내 핵 개발 종사를 정당화하려는 사람.

셋째, 핵 개발의 진짜 목적을 알았을 때 자신의 양심을 속이지 않고 양심에 따라서 계획에서 이탈한 사람.

마지막 태도를 취한 사람은 퍼그워시회의의 로트블랫 박사 단 한 명이었습니다.

그래서 박사는 '간첩' 혐의까지 받았습니다.

박사는 인류에게 '유언'을 남기는 심정으로 그때 겪은 고생을 저와 대담을 나누면서 자세하게 말씀하셨습니다.

콕스 저도 그 경위에 대해서는 잘 알고 있습니다. 박사는 '원자과학자협회' 기관지에 '왜 로스앨러모스를 떠났는지'에 대해 매우 감동적인 수기를 남겼습니다.

이케다 왜 로트블랫 박사 이외의 과학자가 계획에 계속 참여

로트블랫 박사와 대담한 이케다 회장(2000년)

했을까. 박사는 제게 그 이유를 이렇게 말씀하셨습니다.

"가장 큰 이유는 단지 순수한 '과학적 호기심'이었다고 생각합니다. 다시 말해 이론상의 계산과 예측을 실제로 증명하는 일에 대한 간절한 소원입니다. 이 과학자들은 실험을 한 뒤에 비로소 폭탄 사용에 관해 토의해야 한다고 생각했습니다."[18]

콕스 실제로 시험 삼아 이 신형 폭탄을 뉴멕시코주[19]에 있는 앨라모고도[20]의 사막에서 폭발시켜 그것이 얼마나 강력한지를 눈으로 직접 확인했을 때 당사자 몇 명은 폭탄 사용을 주저하게 되었습니다.

그들은 '이 폭탄을 태평양이나 무인도 등 어딘가에 투하해 그 위력을 과시해 우리나라에는 이런 종류의 무기가 있다고 일본에 전하면 좋지 않을까' 하고 생각했습니다.

그러나 그렇게 되지는 않았습니다. 미국 정부는 폭탄을 투하할 곳을 히로시마 등으로 결정하고 나아가 두 번째 폭탄 사용처도 이미 결정했습니다. 여기에도 '폭력의 탄력'이라고 할 사례가 있습니다.

이케다 유명한 이야기이지만 앨라모고도에서 한 원폭 실험이 성공했을 때 오펜하이머는 "나는 이제 세상의 파괴자, 죽음의 신이 되었다"고 하는 고대 인도의 《바가바드기타》[21]의 시를 떠올렸다고 합니다.[22] 그 예감은 무서운 현실이 되어 적중했습니다.

콕스 예. 오펜하이머의 전기 《아메리칸 프로메테우스》에는 그가 로스앨러모스를 떠나는 장면이 그려져 있습니다.

성대한 송별회에서 오펜하이머가 한 말은 특필해야 할 내용입니다.

오펜하이머는 많은 사람 앞에서 이렇게 말했습니다.

"우리에게는 모두 함께 로스앨러모스에서 한 연구를 자랑스러워할 권리가 있다. 그러나 만약 원자폭탄을 전쟁에서 사용하거나 전쟁에서 위협에 이용되는 각국 저장병기의 일부가 된다면 인류가 로스앨러모스를 저주하는 날이 오리라."

그 뒤 미국은 수소폭탄을 개발하고자 그를 로스앨러모스로 데려오려 했지만 오펜하이머는 동의하지 않았습니다. 이 일로 그의 경력은 군부와 정치가들의 농간으로 망가지고 말았습니다. 오펜하이머는 자기 양심의 갈등이 불러일으키는 큰 내면적 고뇌에서 벗어날 수 없었습니다.

이케다 히로시마와 나가사키의 원폭에 대해서 오펜하이머에게 중대한 책임이 있는 것은 틀림없습니다.

다만 오펜하이머가 정치와 과학 사이에 몸을 두면서, 핵 군비 확산 경쟁이 인류를 절멸로 몰아넣지 않게 하기 위한 현실적인 대책을 고민한 것도 사실입니다. 그는 제2차 세계대전이 끝난 뒤 '핵의 국제 관리'와 '수소폭탄 개발 반대'를 외치다 이윽고 정치적 탄압을 받아 공직에서 쫓겨났습니다. 그의 고뇌와 그 뒤에 펼쳐진 인생의 궤적은 과학자뿐 아니라 현대를 살아가는 우리에게 큰 교훈을 남겼습니다.

콕스 저는 수업에서 《아메리칸 프로메테우스》를 교재로 사용해 학생들에게 물었습니다. "만약 여러분이 1943년경에 박사 학위를 막 취득한 젊은 물리학자였다고 가정해봅시다. 거기에 물리학계의 제일인자 로버트 오펜하이머가 와서 이렇게 말한다면 여러분은 어떻게 할까요? '당신이 과학 역사상 가장 최고로 자극적인 사업에 참여했으면 한다. 이 사업은 이 나라에 이익을 가져올 뿐 아니라 장래에 걸쳐서 전쟁을 막는 사업이 될 것이다. 나는 그것이 가능하다고 믿는

다. 어떤가. 나와 함께 로스앨러모스로 가서 연구하지 않겠
는가' 하고 말입니다. 자, 여러분은 참여할 것 같습니까?"

이 물음에 학생들은 대부분 "반드시 갈 것"이라고 대답했
습니다.

세계를 변혁한 '용기 있는 사람'이 펼친 인권 투쟁

이케다 중대한 의미가 담긴 질문입니다.

직업상 '의무'나 '책임'이 인간으로서 갖춰야 할 '윤리'와
부딪힐 때 어떻게 할 것이냐 하는 난제는 비단 과학자만의
문제가 아닙니다. 모든 직업에서 또 야심이 있든 없든 모든
사람에게 말할 수 있는 질문입니다.

독일의 사회학자 막스 베버[23]는 정치가에 대해 유명한 저
서《직업으로서의 정치》[24]에서 대략 이렇게 주장했습니다.

"자신의 신념이나 이상을 고집하고 결과를 책임지지 않
는 사람도, 결과만 좋다면 신념이나 이상 등은 필요 없다고
생각하는 사람도 진정한 정치가는 아니다. 진정한 정치가
는 아무리 어려운 상황에서도 '그럼에도 불구하고'라는 신

념을 품고 현실에 도전하는 사람이다."

그리고 저는 마하트마 간디를 비롯해 마틴 루터 킹 박사, 넬슨 만델라[25] 대통령과 같은 사람들이야말로 결코 이상을 포기하지 않고 세계에 변혁을 일으킨 대표적인 인물이라고 생각합니다.

콕스 이케다 회장이 말씀하신 간디, 킹, 만델라는 모두 다른 종교나 사상을 원천으로 삼았지만 그 근저에 있는 생각은 모두 매우 비슷했습니다. 그것은 예컨대 퀘이커 교도가 '모든 사람 안에 있는 신'이라고 부르는 것입니다. 저는 그런 종류의 인식이 그들이 만든 위업의 기반이었다고 생각합니다.

이케다 그렇군요. 세 분 모두 베버가 말한 '그럼에도 불구하고'라는 한 가지를 관철했습니다. 그것은 깊은 종교에 기인한 것이었습니다.

콕스 모든 사람에게 갖추어진 '내적인 부처'(불성)나 '신을 닮은 모습'(신성)이라는 사고방식에서 보면 인간성을 침해하거나 모독하는 행위는 어떤 일이 있어도 용서하면 안 됩니다. 더 중요한 점은 우리는 증오와 공격이 일어나지 않도록 하기 위해서 호혜와 평화 그리고 상호 이해를 촉진하고자 적극적인 노력을 해야 한다는 것입니다.

이케다 불교의 진수인 《법화경》은 실로 모든 생명이 부처의 당체(當體)임을 설합니다.

《법화경》에는 수행의 규범으로 삼아야 할 본보기가 등장합니다. 바로 불경보살(不輕菩薩)[26]입니다.

"나는 그대를 깊이 존경합니다. 결코 얕보거나 모욕하지 않습니다. 왜냐하면 그대들 모두 보살도(菩薩道)를 수행해 반드시 부처가 될 수 있기 때문입니다"라고 말하면서 불경보살은 모든 사람을 예배했습니다. 상대에게서 언론의 폭력이나 육체적 폭력을 당하면서도 예배행이라는 비폭력 정신 투쟁을 관철했습니다.

간디, 킹, 만델라 같은 사람들의 인권 투쟁은 우리 불교인의 눈에는 불경보살의 모습처럼 보입니다.

저는 만델라 대통령과 영광스럽게도 두 번 만날 수 있었습니다. 간디나 킹 박사와 직접 만날 기회는 없었지만, 두 사람의 맹우나 제자들과 만날 수 있었습니다. 콕스 박사는 그중 한 분입니다.

콕스 제가 개인적으로 깊은 우정을 다진 사람은 킹 박사뿐이지만, 세 분 모두 깊이 존경하는 인물입니다.

그중에서도 특히 늘 경탄하는 부분은 만델라 대통령이 어떻게 그러한 고난을 견딜 수 있었냐는 점입니다. 다시 말해 옥중에서 긴 세월을 보내며 쌓인 극도로 끔찍한 감정을 어떻게 이겨냈느냐는 점입니다.

그사이 그는 지도적 위치를 빼앗기고서도 출옥했을 때는 원한이나 복수심을 품지 않고 놀랍도록 관대한 마음으로 새로운 남아공에 소수파인 백인을 받아들이기를 바랐습니다. 이것으로 남아공은 과거의 아파르트헤이트(인종격리정책)[27] 사회에서 놀랄 만큼 적은 폭력과 유혈로 모든 인종을 받아들이는 사회로 바뀌었습니다. 약간의 폭력과 유혈은 있었지만 극히 미미했습니다.

과거 남아공에서 지금의 남아공으로 바뀐 모습은 현대에서 가장 감동적이고 경탄할 만한 이야기 중 하나입니다.

이케다 만델라 대통령이 목표로 삼은 것은 모든 민족이 평등한 '무지개의 나라'이지, 백인에게 보복하는 것은 아니었습니다. 그래서 그가 만든 것이 유명한 '진실화해위원회'[28]입니다. 과거에 있던 모든 폭력의 진실을 밝히고 피해자의 마

남아프리카공화국 만델라 전 대통령

음을 달랬습니다. 한편, '진실'을 고백한 가해자의 죄를 묻지 않음으로써 국민 화해를 실현하고자 했습니다.

이에 대해 흑인들 사이에서도 불만 섞인 목소리가 나오고, 백인들은 '이제 와서 지난 일을 문제 삼을 것이냐'며 맹렬히 반발했습니다. 그러나 만델라 대통령은 강철 같은 결의로 이것을 해냈습니다.

부정을 파헤치고 쓰러뜨린 뒤 사회에 정의와 안정을 회복시키는 작업은 부정과 싸우는 것 이상으로 어려움이 따르기 마련입니다.

그 두 가지에 도전한 만델라 대통령은 옛 체제 타파와 새로운 사회 건설을 함께 이룰 힘을 갖춘 극히 드문 인물입니다. 진정한 의미로 용기 있는 사람입니다.

콕스 그렇습니다. 정말 용기 있는 인물입니다. 간디도, 킹 박사도 모두 용기 있는 사람입니다.

저는 킹 박사가 매우 용기 있었다는 점을 알고 있습니다. 그 용기는 그에게 극심한 공포가 닥쳐왔을 때도 전혀 바뀌지 않았습니다.

흔히 전쟁터 등에서 많은 적을 죽이는 사람이 용기 있다고 생각하기 쉽지만 진정한 용기란 그런 것이 아닙니다. 킹 박사는 어떤 어려운 상황에서도 어떻게 하면 비폭력적인 방법으로 문제를 해결할 수 있는지를 알고 있었습니다. 모든 일에 비폭력적인 방법으로 대처하는 것이 훨씬 용기 있는 행동입니다.

이케다 '비폭력주의'는 종종 '겁 많은 무저항주의'로 오해받기도 하지만 간디도 킹 박사도 이것을 정면에서 부정하셨군요.

그들에게 '비폭력'은 무엇보다 '직접 행동한다'는 것이었습니다. 부정이 있지만 그것을 못 본 척한다거나 거짓 안녕에 몸을 맡긴 사회에 '여기에 문제가 있다!'고 밝히는 행동이었습니다.

그러나 그런 용기 있는 행동은 당연히 지배 세력의 반감과 압박을 불러일으킬 수 있습니다. 그러므로 비폭력에는 용기가 필요합니다.

반대로 폭력은 대부분 '겁쟁이의 표현'이라고, 심리학적으로도 많은 학자가 지적하는 부분입니다.

킹 박사는 이러한 '두려움'이 폭력으로 이어지는 위험성을 잘 간파하고 있었습니다. 그러므로 박사는 "공포라는 병을 이겨내자"고 말했습니다.

간디도 "겁쟁이에게는 정의라는 감각이 없다"[29]고 갈파했습니다.

콕스 겁을 먹는 대신 '사람들의 태도도, 사고방식도 영원불변한 것이 아니다. 그것들을 반드시 바꿀 수 있다'는 강한 신념이 필요합니다.

'그것들을 바꿀 수 있다'는 것은 기독교의 강한 신념이기도 합니다. 기독교에는 '부활'이라는 말이 있습니다. 인간은 새롭게 다시 태어날 수 있다는 말입니다. 우리는 한 인간으로서 근본적으로 변혁할 수 있습니다. 계속 지금처럼 살아야 하는 운명을 타고난 것은 아닙니다.

이케다 제가 쓴 소설《인간혁명》에서 내건 주제도 '한 사람의 위대한 인간혁명은 이윽고 한 나라의 숙명도 전환하고 나아가 전 인류의 숙명전환까지도 가능케 한다'입니다.《법화경》은 이 원리를 설합니다.

즉, 어느 누구의 생명에도 무한한 가능성이 숨겨져 있다, 그 생명의 전환이 자신뿐 아니라 모든 환경의 변혁까지 일으킨다는 사실을 가르치고 있습니다.

어쨌든 '당신은 하찮은 존재가 아니다' '당신은 세계조차 바꿀 수 있다'는 이 메시지를 자신의 삶으로 우리에게 보여 준 존재가 간디와 킹 박사 그리고 만델라 대통령입니다.

참된 '관용'을 기르는 정신의 원천은 신앙

콕스 진정으로 평화로운 세계를 창조하는 데 더없이 중요한 요소가 '관용'이지만, 많은 사람이 '너그러이 봐주는 것'을 '관용을 베푼다'로 오해하고 있습니다.

'아무쪼록 하고 싶은 대로 하십시오. 방해하지 않겠습니다. 그리고 그것을 꼭 평가하지도 않겠습니다'라고 말하고 그것을 '관용'이라고 생각합니다. 그러나 우리는 그러한 '관용'을 뛰어넘어야 한다고 생각합니다.

관용을 베푸는 것은 물론 무관용보다도 뛰어난 자질이지만 그것만으로는 충분하지 않습니다.

다른 사람을 긍정적으로 평가하는 것 그리고 단지 다른 사람들을 용서하는 것만이 아니라 그 사람들의 인격을 있는 그대로 환영하고 존중하는 행동이 진정으로 평화로운 세계를 위해 필요하지 않을까요.

이케다 지당한 말씀입니다. 다만, 단지 남을 간섭하지 않는다는 소극적인 '관용'이 아닌 '다른 사람을 긍정적으로 평가한다'는 관점이 매우 중요합니다.

또 한 걸음 나아가 자신과 다른 사람들의 다양성을 받아들여 그 차이를 배우고 자타 함께 성장을 지향한다, 그러한 적극적인 참된 의미로서 '관용' 정신을 서로 훈발하는 것이 중요하지 않을까요.

우리 SGI 헌장도 '관용 정신'을 중요한 기둥으로서 강조하고 있습니다.

참된 '관용' 정신은 우리가 인간으로서 다른 가치관이나 사회적 배경을 뛰어넘어 마음과 마음을 통하게 하고 공감의 유대를 심화한다, 그러한 상호 이해와 우정을 구축하고 발전시키기 위한, 위대한 기반이 되는 것입니다.

그리고 그것을 가능하게 만드는 '정신력의 원천'이 되는 것이 바로 21세기 종교에 요구되는 역할이라고 저는 생각합니다.

제7장

신시대의 종교 간 대화

중국과 인도의 장래, 위대한 정신의 유산

/

록스 우리 대화는 언제나 계발적이고 흥미로운 문제를 다루었습니다.

제가 지금 주목하는 것은 중국과 인도의 장래입니다. 두 나라와 우리가 대략 서양이라 부르는 세계와의 관계는 어쩌면 앞으로 20년, 30년 뒤 세계 동향에서 가장 중심적인 문제 중 하나가 될 것이라 생각합니다.

이케다 회장도 두 나라와 빠르게 우호를 맺으셨지요.

이케다 예. 중국과 인도 모두 유구한 역사와 전통을 자랑하고 정신적, 문화적으로도 인류에 많은 영향을 끼쳤습니다.

그리고 지금 눈부신 경제 발전과 함께 세계의 본무대에 등장해 커다란 영향력을 끼치고 있습니다.

중국은 13억, 인도는 11억의 인구를 가진 대국입니다. 세계에서 두 나라의 존재는 점점 더 중요해질 것입니다.

콕스 세계에서 거대한 영향력은 물론, 중국과 인도에는 기나긴 역사가 키워온 풍부한 전통문화나 위대한 정신유산이 있습니다.

그런 만큼 두 나라가 단순히 서구식 근대화나 기술 중심주의, 정보 생산 모델을 모방해 예부터 이어온 정신적 유산을 영원히 잃는다면 그것은 너무나도 불행한 일입니다. 인류 문명에도 막대한 손실이 될 것입니다.

이케다 지당한 말씀입니다.

과학기술의 발전이나 경제적, 물질적 번영을 추구하는 것만으로는 세계는 머지않아 막다른 길에 다다를 것입니다. 인류가 '공생'하기 위해서는 더 깊은 '조화'와 '연대'를 위한 가치관이 요구됩니다.

앞에서도 언급했지만 저는 중국 사상 연구의 제일인자인 하버드대학교 투 웨이밍 박사와 거듭 대화했습니다. 중국에서는 지금, 과거 전통 사상을 다시금 재검토하는 것이 화제가 되고 있습니다. 유교 사상의 부흥인 '유교 르네상스'라고 불리는 현상도 그렇습니다.

중국에서는 도시를 중심으로 사회적 환경이 급속하게 변화하고 있습니다. 한편으로는 전통적인 정신성을 요구하는 경향도 강해지는 듯합니다.

또 중국 정부가 국가 프로젝트로서 세계 각지에 '공사학원'01이라 불리는 중국어나 중국 문화의 보급을 목표로 하는 교육기관을 설립하기 시작한 것도 주목할 만한 시도입니다.

콕스 현대 세계에서는 많은 나라가 나라 안에 '대립'과 '분쟁'의 씨앗을 품고 있습니다. 중국도 예외는 아닙니다.

경제적, 사회적으로 발전하면서 이익을 누리는 극히 적은 부유층과 방대한 빈곤층 사이에는 커다란 격차가 생겼습니다.

제가 이해하는 바로는 지금 중국에는 실제로 그 투쟁이나 계급 간 충돌 같은 일이 일어나고 있습니다.

이케다 확실히 급격한 사회 변화는 어느 나라든지 경제적인 격차를 불러일으키고 사회를 불안정하게 하는 커다란 원인이 됩니다.

게다가 경제 발전의 연장선상에서 보면 에너지나 식량 부족, 환경 문제 등이 있습니다. 일본도 심각합니다.

콕스 그렇군요. 그러므로 바라건대, 중국도 어느 시점에서 최대한 빨리 정부가 결단을 내려 중국 내 여러 문제에 대처해야 합니다. 그것들은 언젠가는 다뤄야 할 과제이기 때문입니다.

또 저는 동양의 문화적, 종교적인 정신유산이 지금 중국에서는 유감스럽게도 간과되고 무시당했다고 생각합니다.

다만 최근에 와서 문화적인 규제가 완화되어 방금 회장이 말씀하신 것처럼 전통적인 여러 종교의 신앙이 계속 새롭게 나타나는 것도 확실합니다.

기독교도 더욱 빠르게 세력이 늘고 있습니다. 이 기독교는 서구적인 표현이나 모델을 그대로 모방한 것이 아닌, 중국적인 형태를 띠고 있습니다.

현재 중국 최대의 기독교 운동을 추진하고 있는 곳은 '지저스패밀리'[02]라는 단체이지만, 그밖에도 많은 운동이 있고 저마다 조금씩 다릅니다. 또 이들 단체는 단지 서구의 사상적 구조나 제도적 구조의 연장만을 바라지는 않습니다.

이케다 조금 전에 말씀하신 '유교 르네상스'와 관련이 있지만, 최근 몇 년 중국에서는 민족 전통 정신의 '재검토'나 '재생'이 많은 분야에서 보입니다. 그 흐름 중 하나가 '천인합일(天人合一)'03 사상에 관한 착안입니다.

일찍이 저는 중국을 대표하는 석학인 지셴린04 박사와 대담집을 발간했습니다.

박사는 그 속에서 예로부터 중국에 전해지는 '천인합일' 사상을 언급하고 이렇게 말씀하셨습니다.

"인간은 본디 대자연의 일부입니다. 하지만 자연과 분리되고 나서 대자연과 대립하기 시작했습니다" "'천(天)'은 대자연, '인(人)'은 사람을 말합니다. '합(合)'은 서로 이해하고 우의를 맺어 적대하지 않는 것을 말합니다"05라고 말입니다.

콕스 '천인합일' 사상은 우리가 더욱 인간적으로 되기 위한 하나의 '길'을 나타낸다고 할 수 있겠군요. 우리는 '나약한 생물'로 태어나 사회화되어 '인간'이 됩니다. 그 사회화로 생긴 힘을 파괴적인 형태로 행사할 수도 있고 또 배려나 자애를 중시하는 형태로도 표현할 수 있습니다.

저는 동양 지혜의 '정화(精華)'인 불교적인 전통 사상에서 가장 흥미롭고 가장 귀중한 교설 중 하나는, 인간뿐 아니라 모든 생물을 소중히 여기고 더욱 큰 '가족'으로서 받아들이는 부분에 있다고 생각합니다.

기독교는 이 점을 그다지 강조하지 않습니다. 그러나 저는 그 중요성을 인식하는 것이 앞으로 더욱 중요해지리라고 생각합니다.

이케다 잘 알았습니다. 저는 현대 세계의 많은 지식인 또 과학자들이 불교 사상을 비롯한 동양 사상의 자연관, 우주관에 주목하는 이유 중 하나도 바로 거기에 있다고 생각합니다.

콕스 불교 발상지인 인도에도 현재 서양에서 '정보혁명'이 매우 대규모 형태로 들어오면서 사람들은 컴퓨터 산업이나 아웃소싱(외부하청) 산업에 흡수되고 있습니다.

반면에 어느 시대나 인도 사회에는 다양한 종교가 혼재하고 있습니다.

'인도에는 온갖 종교가 있다'고 해도 과언이 아닙니다.

100종류나 되는 힌두교도를 비롯해 이슬람교도, 기독교도, 시크교도[06] 나아가 불교도가 섞여 서로 교류하고 있습니다.

인도는 어떤 의미로 종교적인 다원적 사회의 성공 사례를 보여주고 있습니다. 아시다시피 종종 피비린내 나는 충돌이 있었지만, 장기적으로 보면 인도에서는 많은 사람이 다른 종교적 전통을 가진 이웃과 함께 사이좋게 지내고 있습니다.

이케다 그렇습니다. 인도의 다양한 종교 전통이 키워온 '조화'와 '공생'의 지혜에서 인류는 많은 것을 배워야 합니다.

'천인합일' 등 중국의 전통 정신도 그렇습니다. 동양의 전통 사상은 '인간'과 '인간', '인간'과 '자연' 그리고 '국가'와 '국가'의 공생으로 이어지는 기반이 되는 새로운 '지구 윤리'의 형성에 기여할 수 있다고 생각합니다.

나아가 정치적, 경제적 면에서도 중국과 인도는 미국과 함께 새로운 세계 질서의 요체로서 더욱 중요해질 것입니다.

이 주제에 관해 일찍이 저는 인도의 라지브 간디 현대문제연구소[07]에서 '뉴휴머니즘의 세기로'를 주제로 강연한 적이 있습니다.

강연에서는 미국을 비롯해 중국, 인도가 세계의 '중심'으로서 중요한 존재가 될 것이라고 말했습니다.

그로부터 10년이 되었는데, 3국의 협조가 세계 질서를 안정시키는 데 더욱 커다란 의미를 갖게 되었습니다.

미중 관계 - 평화를 위한 대화의 중요성

콕스 특히 앞으로 미국과 중국의 관계는 의론이 분분합니다.

미국의 일부 사람들이 보면 중국은 잠재적으로 최대의 경제적 라이벌일 뿐만 아니라 틀림없는 정치적 라이벌이기도 하고, 어쩌면 군사적 라이벌이기도 합니다.

두 나라의 경제력을 생각해보면 앞으로 격심한 경제 경쟁은 피할 수 없을 것입니다. 이것은 의심할 여지가 없는 사실입니다. 그러나 군사적인 대립 관계가 발생하지 않기를 바랍니다. 이 점에서는 중국의 지도자도, 미국의 지도자도 피하고자 하는 현명함을 갖추었을 것으로 믿습니다.

이케다 저도 그렇게 믿고 있습니다.

그렇기 때문에 대화가 중요합니다. 특히 국가 정상들의

지속적인 대화입니다. 어떠한 일이 있더라도 지도자는 '하드 파워'[08]가 아니라 '소프트 파워'[09]로 '단호히 사태를 타개하겠다'는 불퇴전의 결의가 있어야 합니다. 지도자는 먼저 이 점에서 출발해 모든 지혜를 짜내어 가능한 선택지를 모색해야 합니다. 반드시 길을 열 수 있기 때문입니다.

미국과 중국의 관계를 생각하면 오랜 지인인 미국의 헨리 키신저[10] 전 국무장관의 전격적인 중국 방문이 떠오릅니다. 키신저 박사는 1971년 7월, 극비리에 히말라야를 넘어 베이징으로 들어가 전 세계를 놀라게 했습니다.

이때 저우언라이[11] 총리와 회견해 미중 관계의 역사는 크게 바뀌었습니다.

저는 1975년 1월, 워싱턴에서 키신저 박사와 대화할 때 국제협조 시대를 구축하는 데 기본 원칙 세 가지를 제안했습니다.

첫째, 힘이 있는 나라의 이익보다도 힘이 없는 나라의 민중 의견을 우선시해야 한다.

둘째, 무력 해결을 피하고 어디까지나 교섭해 해결을 관철해야 한다.

셋째, 평화적 해결을 위한 구체적 교섭은 어디까지나 당사자끼리 의논해 결정해야 한다.

키신저 박사도 제 제안에 전적으로 찬동했습니다.

이 대화를 나누기 한 해 전, 저는 당시 긴박한 관계에 있던 중국과 소련을 각각 방문해 알렉세이 코시긴[12] 수상(1974년 9월)과 저우언라이 총리(1974년 12월)를 만나 민간인 입장에서 평화를 위한 대화의 중요성을 말했습니다.

키신저 박사와 만난 것은 그 직후입니다.

중국과 소련을 방문해 가장 크게 통감한 것은 누구나 진지하게 '평화'를 염원한다는 점이었습니다. 지극히 당연한 일입니다. 그러나 당시는 이 단순하고 명쾌한 진리를 좀처럼 보기 어려운 세상이었습니다.

콕스 미래를 위해 평화를 구축하면서 미국과 중국의 지적 교류, 그중에서도 대학 간 학생이나 교수, 종교 지도자의 교류가 되도록 활발히 이루어지기를 진심으로 바랍니다.

그들의 교류는 지금도 상당히 폭넓게 이루어지고 있지만 이를 지속하고 더욱더 활발하게 구축하기 바랍니다.

중국과 일본의 화해를 위한 '인간 외교'의 발자취

/

이케다 저는 베이징대학교의 초청으로 처음 중국을 방문했습니다. 그 뒤로 중국을 열 번 방문했습니다. 가는 도시마다될 수 있는 한 그곳에 있는 대학을 방문해 교류를 깊이 다졌습니다. 교육 교류야말로 평화와 우호를 창조하는 가장확실한 '초석'이라고 확신했기 때문입니다.

신중국이 정식으로 파견한 유학생을 일본에서 처음 받아들인 곳도 바로 제가 설립한 소카대학교입니다. 지금은 그유학생들이 중국과 일본, 나아가 전 세계를 잇는 소중한 다리로서 활약하고 있어 진심으로 기쁩니다.

일찍이 저는 중일우호협회의 쑹젠(宋健)13 회장을 만나 중국과 일본의 미래에 대해 이야기를 나누었습니다. 그 회견에도 일찍이 소카대학교가 처음으로 맞이한 유학생 중 한사람이 비서장으로서 함께 참석했습니다.

콕스 그렇습니까. 교육 교류가 착실하게 열매를 맺었군요.

2006년 봄에는 하버드대학교와 도쿄대학교에 이어 소카대학교가 베이징에 사무소를 개소했다고 들었습니다. 굉장한 소식입니다.

이케다 회장은 이른 시기부터 한결같이 중국에 관심을 갖고 중국과 일본의 화해를 위한 길을 준비하셨습니다. 그리고 실제로 여러 차례 중국에 발걸음을 옮기셨습니다. 그렇게 실현되기까지 어려움이 많았다고 들었습니다.

이케다 깊이 이해해주셔서 감사합니다.

제가 약 2만 명의 학생들 앞에서 '중일 국교 정상화 제언'[14]을 발표한 때는 1968년입니다. 당시 일본은 중일 우호를 주장하는 정치가가 생명의 위협을 받는 등 험악한 분위기였습니다. 제가 발표한 제언에도 반발이 컸습니다.

그러나 저는 중국과 우호관계를 구축하는 일은 일본에도, 아시아의 안정을 위해서도 반드시 필요하다고 확신했습니다.

저우언라이 총리도 일찍이 우리 창가학회의 운동과 발전에 주목해 깊은 공감을 보내주셨습니다. 저우언라이 총리라는 위대한 지도자의 존재는 우리에게 크나큰 행운이었습니다. 그 뒤 많은 관계자의 노력으로 1972년에 중일 관계가 정상화되었습니다.

소카대학교 베이징사무소 개소식(2006년)

아무튼 인간 외교는 책략이 아닌 '성실'에 방점을 두어야 한다고 생각합니다. '성실'보다 뛰어난 것은 없습니다.

콕스 저는 이케다 회장이 하신 일에 경의를 표함과 더불어 큰 기쁨을 느낍니다. 그 일이 중요한 결과를 낳을 것이라고 생각하기 때문입니다. 저는 이케다 회장이 비록 시대의 흐름을 거스른다 해도 자신의 신념에 따라 행동하신 점이 기쁩니다.

이케다 제 일은 그렇다 쳐도, 중일 관계는 갈수록 중요해지고 있습니다. 앞으로 일본이 아시아 국가로부터 신뢰받고 세계 평화를 위해 공헌하려면 '평화 외교' '대화 외교'를 기본으로 일본의 전통문화와 과학기술을 살리면서 '문화입국(文化立國)' '환경입국(環境立國)'을 향한 길을 나아가야 합니다.

콕스 일본은 지금까지 미국에도 매우 협조적이고 진중하게 행동했습니다. 그러나 지금 어떤 의미에서 일본은 결코 전쟁에 우호적인 것도, 자기 주장을 내세우는 것도 아닌 독자적인 길을 걸어야 할 때가 왔다고 생각합니다.

지금까지 몇 세기나 아니 수천 년에 걸쳐 일본 문화에서 배양된 참으로 중요한 이 전통을 지금이야말로 다시 한 번 활용해야 합니다.

'열린 정신'으로 '현자의 대화'를

/

이케다 옳은 말씀입니다.

일본은 악착같이 경제 발전을 추구한 느낌이지만 앞으로는 정신적인 충족이 반드시 필요합니다.

콕스 예수는 "사람은 빵만 먹고 살 수 없다"고 말했습니다. 행복을 위해서는 정신을 풍요롭게 해야 합니다.

어릴 적에 어머니가 가르쳐준 속담이 있습니다. 바로 '만약 당신이 2펜스를 가지고 있다면 1펜스로는 빵을 사고, 남은 1펜스로는 꽃을 사라'는 내용입니다.

'빵'도 '꽃'도 모두 동등하게 중요합니다. 빵은 몸의 자양분으로서 그리고 국화와 같은 아름다운 꽃은 마음의 양분으로서 필요합니다.

이케다 멋진 표현이자 깊은 철학이 담긴 말입니다. 어머님의 풍부한 시심(詩心)과 지혜가 느껴지는 이야기입니다.

우리가 지향하는 '대화'도 풍부한 시심과 열린 정신으로 나누는 대화입니다.

예를 들면 고대 그리스의 밀린다왕[15]과 인도의 성자(聖者)

나가세나[16]의 '대화'는 지금으로부터 2000여 년 전에 나눈 '서양'과 '동양'을 잇는 지성(知性)의 대화였습니다. 서로 신분이나 처지를 뛰어넘어 '열린 정신'으로 대등하게 나눈 대화였습니다.

나가세나는 대화를 시작하기에 앞서 권력을 등에 업은 '왕자론(王者論)'이 아닌 현자론(賢者論)으로 대론해야 한다고 주장합니다. 그리고 이어서 이렇게 말합니다.

"현자의 대론에서는 논제를 해명하고 해설하고 비판하고 수정하고 구별하고 상세히 구별하지만, 현자는 거기에 화를 내지 않습니다. 대왕이시여, 현자는 실로 이렇게 대론해야 합니다."[17]

요컨대 인간으로서 서로 진지하고 성실하게 이야기 나누는 '열린 정신'의 대화가 바로 '현자의 대화'라는 말입니다. 콕스 저도 그러한 '열린 정신'의 기반 위에 서야 비로소 국가나 민족 그리고 문명과 종교라는 장벽을 뛰어넘어 세계를 이을 수 있다고 확신합니다.

이케다 현대 세계를 살아가는 우리가 생각해야 할 점은 단순한 '말의 왕래'가 아닙니다. 한 걸음 더 나아가 '평화'의 가치를 창조하는 진정한 '대화'를 어떻게 실현하느냐입니다.

이것은 '종교 간 대화'에서도 마찬가지입니다. 같은 공간에 마주 앉아 있어도 좀처럼 서로 주장을 굽히지 않으려 하고 평행선으로 끝나는 경우를 종종 볼 수 있습니다.

그렇기에 대화가 열매를 맺도록 '지혜'와 '인내'가 필요합니다.

콕스 중요한 관점입니다. 저는 하버드대학교 '세계종교연구센터'[18]의 자문회의 위원을 맡고 있습니다. 이 센터에서는 기존보다 솔직한 '대화'에 사람들을 불러들이기 위한 새로운 프로그램을 시작하려고 준비하고 있습니다.

이러한 종류의 '대화'에서는 서로 공통적으로 생각하는 화제만을 중요시하는 것이 아니라 오히려 의견이 다른 요소에 대해서도 자유롭게 이야기를 나누어야 합니다. 단, 그러한 분위기는 '수용'과 '경청' 정신에 근거해야 합니다.

만약 상대가 자기 의견에 찬성하지 않는 경우에도 상대가 그 의견에는 합리성이 있다고 생각하도록 이론을 세워 말할 필요가 있습니다. 그것이 가능하다면 더욱 흥미 깊게 논의할 수 있습니다.

현대의 '대화'에는 이따금 우리가 직시해야 할 가장 어려운 문제들을 오히려 '피하는 경향'이 있습니다. 그러므로 우리는 새로운 '대화'의 단계로 옮겨갈 필요가 있습니다.

그것은 우리가 공유하는 신념이나 관행을 존중하고 탐구하고 육성하면서 서로 다른 점도 기탄없이 이야기 나누는 '대화'의 단계입니다.

긴 안목에서 보면 그것이 서로 협조성을 강화하게 될 것입니다. 그러한 올바른 방법을 배운다면 결코 협조성이 약해질 리 없습니다.

이케다 대화에서 공통적인 부분을 인식하고 그것을 바탕으로 협력하는 일도 중요합니다. 그리고 그다음 단계는 박사가 말씀하신 대로 서로 다른 점을 인식하고 평가하는 일입니다.

상대의 견해에 귀를 기울임으로써 타인을 더욱 깊이 '발견'할 수 있습니다. 그러한 일은 자신을 재발견하고 자신이 근거로 하는 사상과 철학의 기반도 심화, 확대할 수 있지 않을까요. 그래야 서로 새로운 협조의 지평을 이끌어낼 수 있습니다.

강연하는 콕스 박사(2007년)

　그러한 의미에서도 세계종교연구센터의 프로그램은 대화의 새로운 '지평'을 여는 시도라고 높이 평가하고 싶습니다.

　기독교와 이슬람교 등의 일신교, 인도와 중국을 원류로 하는 불교와 힌두교 그리고 도교와 유교 등이 박사가 제시하신 '대화'의 새로운 단계를 찾으면서 서로 존중하고 일깨워 협조성을 강화하기를 기대합니다.

　대화는 '이해'에서 '신뢰'로 서로 마주하도록 만드는 왕도여야 합니다.

콕스 제가 좋아하는 사상가 중 한 사람인 유대인 철학자 마르틴 부버[19]는 일찍이 "인생은 그 자체가 대화"라고 말했습니다.

　우리는 대화에서 '타인'을 만날 뿐 아니라 '자신'과 만납니다. 우리는 대화로 인간이 된다고까지 말할 수 있습니다. 저는 그렇게 생각합니다.

　제게 가장 중요한 스승인 마틴 루터 킹 박사가 지금의 핵무기 시대에 살고 있다면 분명 '우리에게 남은 유일한 선택의 길은 대화나 멸망 둘 중 하나'라고 말했을 것입니다. 우리는 '대화'를 그리고 '삶'을 선택하지 않겠습니까.

제8장

지성의 창조와 대학 교육의 미래

시대 요청에 부응하는 대학 개혁을 위한 도전

/

이케다 2005년, 일본의 총인구가 마침내 감소로 바뀌어 큰 화
제가 되었습니다. 지금 일본 사회는 전에 없던 저출산 문제
에 맞닥뜨렸습니다.

대학도 입학 희망자가 정원을 밑돌아 모두 대학에 갈 수
있는 시대에 들어섰습니다. 많은 대학이 존속을 위해 시대
의 요청에 응하는 뛰어난 대학을 건설하고자 다양한 개혁
에 진지하게 힘쓰고 있습니다. 국가마다 상황은 다르지만
개혁을 위한 도전은 전 세계 대학의 공통 과제입니다.

콕스 박사가 강단에 서신 하버드대학교에서도 최근에 교

육과정을 전면 재검토해 교육계가 크게 주목했습니다.

콕스 예. 약 30년 만에 폭넓게 중핵 교육과정을 재검토했습니다. 대학 곳곳에서 논의가 이루어졌습니다.

이케다 박사는 대학 교육에 존귀한 인생을 바치신 위대한 교육자이십니다.

그래서 마지막 장은 '21세기 이상적인 대학 교육'을 둘러싸고 박사의 체험도 들으면서 이야기 나누고 싶습니다.

콕스 알겠습니다. 미국과 일본뿐 아니라 전 세계 모든 대학 교육을 어떤 방향으로 나아가도록 할 것인가. 이것은 인류의 미래가 걸린 매우 중요한 문제입니다.

이케다 미국은 세계 최고의 교육대국입니다. 여러 조사에서 하버드대학교를 비롯한 미국의 대학은 늘 세계 최고 수준의 대학이라고 평가받았습니다.

자연과학 부문 노벨상 수상자를 보아도 20세기 후반에는 거의 절반을 미국인 학자가 수상했습니다.

애초에 '대학원'이라는 제도를 만든 곳도 미국입니다. 각국의 우수한 젊은이가 미국 대학이나 대학원 유학을 목표로 하는 경향은 최근 아시아에서도 더욱 강해지고 있습니다.

박사는 이러한 미국 대학이 눈부시게 발전한 요인이 어디에 있다고 생각하십니까?

콕스 말씀하신 대로 전 세계 학생이 미국 고등 교육기관에 유학하고 있습니다. 스탠퍼드대학교[01], 매사추세츠공과대학교[02], 미시간대학교[03], 조지타운대학교[04], 캘리포니아공과대학교[05], 하버드대학교 등….

어째서 미국 대학이 최고가 되었는가. 그 이유 중 하나는 특히 제2차 세계대전 후 누구나 영어를 배우려 하고, 영어권 대학에 가려고 한 점에 있다고 생각합니다.

영어가 '국제어'가 된 지금 이 상태는 한동안 계속되리라 생각합니다. 그렇기 때문에 모두 영어를 자유롭게 구사하고 싶어 합니다.

만약 어느 날 중국어가 국제어가 된다면 아마도 이번에는 모두 베이징이나 상하이에 유학하고 싶어 하지 않을까요.

이케다 현재 영어를 사용하는 인구는 세계에서 10억여 명으로 앞으로 더욱 늘어날 것으로 예상하고 있습니다. 인터넷 홈페이지나 학술 논문도 대부분 영어로 씌어 있어 국제사회에서 활약하려면 영어는 반드시 필요합니다.

제가 설립한 소카학원(創價學園)과 소카대학교도 영어 교육에 힘을 쏟고 있습니다.

콕스 또 한 가지 이유는 미국에는 다른 나라와 달리 국가와 도시 그리고 민간 차원(종교단체도 포함)의 장학금 제도가 많기 때문입니다. 충실한 장학금으로 학생들은 자유롭게 학교를 선택할 수 있습니다.

또 미국에는 매우 뛰어난 소규모 단과대학이 있습니다. 대규모 종합대학도 있고, 중간 규모의 종합대학도 있습니다. 어디에 입학할지는 예를 들면 다양한 맛이 있는 아이스크림 가게에 들어가 좋아하는 아이스크림을 고르는 일과 같습니다.(웃음)

이케다 매우 이해하기 쉬운 이야기입니다.

얼마만큼 우수한 학생들이 모이느냐에 대학이 발전하는 열쇠가 있습니다. 해외에서 우수한 유학생을 받아들이는 일도 매우 중요합니다. 청춘 시절에 다른 문화와 가치관을 경험하고 우정을 맺는 일은 학생에게 평생에 걸친 귀중한 경험이 되고 보배가 되기 때문입니다.

일본에서도 많은 대학이 유학생을 받아들이는 데 힘을

미국소카대학교(SUA)의 아름다운 캠퍼스

쏟고 있습니다. 그러나 장학금 제도나 생활 환경 정비를 비롯해 아직 부족한 점이 많습니다.

일본이 '교육대국'으로 발전하려면 뛰어넘어야 할 과제가 많이 남아 있습니다.

대학의 주인공은 '학생'

/

콕스 하버드대학교에는 세계 각지에서 많은 학생이 모여듭니다. 그것이 대학의 발전과 활력에 크나큰 근원이 된 사실은 틀림없습니다.

이케다 제가 설립하고 2001년에 개교한 미국소카대학교 (SUA)는 리버럴 아트[06] 칼리지(Liberal Arts College, 교양대학) 로서 이미 세계 30개국이 넘는 곳에서 학생이 모여 공부하고 있습니다.

그리고 한 학급에 10여 명이 공부하는 소수 인원 교육이 큰 특징 중 하나입니다. 학생이 단지 교수의 강의를 듣는 것이 아니라 교수와 함께 토론하고 대화합니다. 그리고 그 것이 학생의 비약적인 학력 향상으로 이어집니다.

교수 또한 학생 한 사람 한 사람의 얼굴과 이름을 기억할 수 있어 마음이 통하는 '인간 대 인간'의 대화로 수업을 진행할 수 있습니다.

록스 가장 좋은 교육은 대부분 개인적인 관계에서 이루어집니다. 교사와 학생의 개인적인 교류에서 만들어집니다.

그러나 대부분 큰 강의실에 학생들을 모아두고 교수가 학생들에게 강의하는 것이 현실입니다. 게다가 이러한 강의 형식은 지금까지 하버드대학교 교육대학원이 조사하고 검토한 결과에서도 가장 비효율적인 교육법이라는 사실이 밝혀졌습니다. 강의 내용이 학생들의 기억에 거의 남아 있지 않았습니다.

한편, 학생들은 소단위 그룹으로 학습하거나 무언가 프로젝트를 공동으로 연구할 때 더 많은 것을 습득합니다. 토의하고 토론함으로써 학생들은 강의를 듣는 것보다 훨씬 더 많은 것을 배웁니다.

그러나 이러한 조사 결과가 많음에도 불구하고 강의라는 수업 형식이 지금까지 계속되고 있습니다.

이케다 이른바 강의 형식의 수업에 대한 비판은 예전부터 뿌리가 깊습니다. 제1차 세계대전의 종결을 맞아 국제연맹[07]의 창설을 제창한 미국의 토머스 우드로 윌슨[08] 대통령도 대학 시절에 받은 강의를 "형태뿐인 강의만큼 쓸모없는 것은 없다. 그것은 지루할 뿐이다"[09]라고 말했습니다.

물론 이미 100여 년 전 이야기입니다.(웃음) 확실히 가르치는 쪽은 늘 자기 성장을 위해 노력하고 다양한 방안을 궁리해야 합니다.

콕스 우리로서는 반드시 모든 강의가 지루하지 않기를 바라지만, 아무래도 대학교수에게는 듣기 거북한 이야기입니다.(웃음)

이러한 상황을 만든 책임의 일부는 교수에게 있다고 생각합니다. 대체로 교수들은 상당히 보수적인 경향이 있습니다.

교수는 무언가를 한 가지 방법으로 시작하면 쉽게 바꾸려고 하지 않습니다. 교수 내용과 교수법에 관해서는 그러한 점이 특히 단적으로 나타납니다.

이케다 일본 대학에서도 최근에는 학생들이 교수 등의 강의를 평가하는 시스템을 도입했습니다. 거기에는 '지루하다' '이해하기 어렵다' 등 솔직한 의견도 낼 수 있습니다.

대학의 주인공은 어디까지나 '학생'입니다. 교수가 '위'이고 학생이 '아래'가 아닙니다.

학생은 돈을 내고 강의를 들으러 옵니다. 적당히 하는 수업이 허용될 리 없습니다. 이러한 경향을 바꿔야 하고, 바꾸지 않으면 대학도 앞으로의 시대에서 살아남을 수 없습니다.

콕스 저는 제가 관여하는 모든 연구에 학생들이 될 수 있는 한 참여하도록 힘쓰고 있습니다. 그것이 단기 연구든, 장기 연구든 늘 학생들을 그룹으로 나누어 강의실에서 크게 토론을 벌이도록 하고 있습니다. 학생들에게서 다양한 발언을 끌어내 저마다 토론에 기여하도록 하고 있습니다.

인간미 넘치는 대화가 교육의 진수

/

이케다 굉장합니다. 결국 다이아몬드는 다이아몬드로만 연마할 수 있습니다. 사람을 진정으로 단련시키는 존재는 사람뿐입니다.

학문이라는 지성의 영위도 인격과 인격을 서로 되받아쳐야 비로소 연마되고 진짜가 됩니다. 박사에게서 배우는 학생들은 행복할 것입니다.

그런데 박사는 대학 시절 지도교수에게서 어떠한 점을 배우셨습니까?

콕스 먼저 떠오르는 것은 '열정'입니다. 교수가 갖춘 '열정'이라는 요소입니다.

학생에게는 교수의 열정을 배우는 일이 중요합니다. 요컨대 교수가 연구대상에 몰입할 때 그 커다란 열의에 대한 감동을 체감하는 일입니다.

이에 반해 만약에 교수가 자신의 연구 과제를 따분하게 느낀다면 학생들은 그보다 더 지루해할 것입니다.

제가 하버드대학교에서 배울 때 주요 지도교수는 제임스 루터 애덤스 교수였습니다. 교수는 자신의 연구 대상에 크나큰 열정이 있었습니다. 제가 연구실에서 말을 걸면 교수는 자주 "자네, 이 책을 읽게나. 구한 지 얼마 안 된 책이라네. 이 책은 자네도 읽어두는 게 좋을 걸세. 사실 어젯밤 이 책을 읽느라 날이 밝는 줄도 몰랐다네" 하고 말했습니다.

이러한 교류에서 학생은 많은 것을 배웁니다.

이케다 굉장한 원점을 들었습니다.

은사 애덤스 교수(왼쪽) 그리고 콕스 박사와 아들(1996년)

'미국 르네상스의 기수'로 유명한 19세기 사상가 랠프 월도 에머슨[10]은 하버드대학교에서 스피치한 유명한 강연에서 이렇게 말했습니다.

"대학의 역할은 학생들에게 학문의 기초를 가르치고 훈련하는 데 있다. 그뿐 아니라 대학이 크게 도움이 되는 때는 '창조를 목표로 하는 대학이 될 때'이다. 또 '지성의 불을 지펴 배움터에 모인 청년들의 마음을 불태울 때'이다."[11]

지금 박사가 말씀하신 대로 교수에게는 그야말로 인류의 '지성의 빛'으로 청년들의 마음을 비추고 학구열을 불태우는 사명이 있습니다.

거기에는 역시 학문에 대한 교수의 열렬한 열정이 있어야 합니다. 그 열정 없이 결코 학생의 마음에 불을 지필 수 없습니다.

또 제 체험을 돌이켜봐도 교수가 무심코 건넨 한마디가 학생에게는 가슴 깊이 남습니다. 특히 수업 이외의 자리에서 개인적으로 받은 가르침이나 상담 등은 잊지 못합니다.

콕스 맞습니다.

학생이 교수와 공동 작업을 하고자 하는 까닭은 그 교수에 대한 존경심과 동경이 있기 때문입니다. 그렇기에 학생의 큰 업적이나 작은 성과 모두 교수가 헤아려준다면 거기에는 큰 차이가 생깁니다.

한 가지 더 말할 수 있는 것은 사람은 기대를 받을수록 힘이 난다는 점입니다.

이런 일이 있었습니다. 어느 날, 애덤스 교수가 제게 이렇게 말했습니다.

"하비, 내가 바로 요전에 읽은 이 기사의 보고서를 작성해주지 않겠나. 참으로 굉장한 내용이야. 이 네덜란드 잡지에 실렸다네."

제가 "네덜란드어를 할 줄 모른다"고 말하자 교수는 "그래도 자네 독일어는 할 수 있지 않은가"라고 말했습니다. "예. 독일어는 어느 정도 할 줄 압니다"라고 대답하자 교수가 이렇게 말했습니다. "그러면 도서관에서 네덜란드어 사전을 빌려 다음 주 목요일에 보고서를 제출하게."

실제로 그 일주일 동안 네덜란드어 실력이 꽤 늘었습니다.(웃음)

학생에 대한 크나큰 기대 또한 중요한 요소입니다.

이케다 멋진 이야기입니다. 매우 중요한 점입니다.

사람은 격려하고 칭찬해야 성장할 수 있습니다. 그러나 그것이 좀처럼 잘 안 됩니다.(웃음)

결국 학생을 대등한 한 사람으로서 존경하고 소중히 육성하려는 깊은 애정이 없으면 그렇게 하기 어렵습니다.

콕스 그런데 이케다 회장은 파울루 프레이리[12]라는 교육자를 아십니까?

이케다 예. 브라질의 대학 관계자와 대화를 나눌 때 자주 화제가 됩니다. 20세기를 대표하는 브라질의 교육 사상가로 가난한 사람들을 위한 문맹 퇴치 운동에 힘쓴 것으로도 잘 알려져 있습니다.

주요 저서인 《페다고지-억눌린 자를 위한 교육》에서 "교육은 교사와 학생이 서로 계발하고 함께 배우는 환경이어야 한다"고 말했습니다.[13]

콕스 프레이리는 일반적인 교사와 학생의 관계를 자주 "큰 주전자와 작은 컵 이론"이라고 말했습니다.

다시 말해 교사에게는 스스로 축적한 지식이라는 '큰 주전자'가 있고 학생들은 '작은 컵'을 내밉니다. 교사는 그 컵에 조금씩 지식을 따르지만 프레이리는 이러한 방법은 잘 못되었다고 생각했습니다.

이케다 맞습니다. 교육은 결코 '지식을 단편적으로 가르치는 것'이 아닙니다.

저는 "교육은 서로 전하는 일이자 대화다. 지식의 전달이 아니라 서로 대화를 나누는 상호 주체적인 만남이다"[14]라는 프레이리의 철학에 공감합니다.

단순히 지식을 전달할 뿐이라면 교재를 공부하는 것으로 충분할지도 모릅니다. 그러나 그것만으로는 풍부한 감성과 창조성을 가진 '인간'을 육성할 수 없습니다.

교수와 학생이 인간미 넘치는 '대화'로 진리를 탐구하고 서로 인격을 연마하는 데 교육의 진수가 있습니다. 또 진정한 의미의 '학문'을 심화할 수 있습니다.

이것은 창가교육학의 창시자 마키구치 회장의 신념이기도 합니다.

콕스 저도 수업에서 학생은 대학 사업을 함께 수행하는 '팀 동료'라고 생각합니다. 저는 그저 지시하지 않습니다. 학생들은 교수인 제가 '가르치는' 데도 도움이 됩니다. 학생들도 이러한 방법을 선호하는 것 같습니다.

보스턴21세기센터의 공헌

이케다 저도 지금까지 전 세계 많은 교육자와 대화했습니다. 일류 교육자는 학생을 가르침으로써 자신이 더 깊이 배우고 더욱 성장할 수 있다는 것을 큰 기쁨으로 여긴다는 점에서 모두 일치했습니다.

저는 미국소카대학교 제1회 졸업식을 맞아 '21세기 대학 – 세계 시민의 요람'이라는 주제로 기념강연을 발표해 1기생들에게 축하 선물로 보냈습니다.

그중에서 초점을 맞춘 과제 중 하나가 지식이 편중된 교육이 가져오는 폐해였습니다. 대학원의 탄생과 발전으로 학문이 전문화되고 세분화되었습니다. 그런 한편, 전인교육(全人教育)을 통한 '인간 육성'보다는 오히려 '연구'에 중점을 두게 되었습니다.

이미 20세기 초반에 프린스턴대학교[15]의 한 학자는 연구에만 몰두해 인간성의 도야를 잊은 학생과 교수가 늘고 있는 사실을 한탄하며 이렇게 말했습니다.

"지금 지식은 단편화, 흥미는 세분화, 학문은 비인간화, 지식의 전체성은 파괴되어 학문은 분단되었다. 대학원은 이미 그렇게 되었다."[09]

말할 것도 없이 이것은 미국만의 문제가 아니라 세계적인 경향이라고 할 수 있습니다.

록스 우리 하버드대학교에도 '지식의 단편화' 문제는 존재합니다. 각 학부의 고립화가 그것을 상징합니다. 하버드대학교는 학부마다 건물이 구분되어 있습니다.

다른 건물에 들어가는 일은 다른 학문 영역에 발을 들이는 일로, 거북하고 그다지 내키지 않는 면이 있습니다.

학부 간의 의사소통이나 공동 수업을 촉진하는 등 '학부의 고립화'는 예전보다 훨씬 개선되었지만 아직 충분하지 않습니다.

이케다 확실히 광대한 캠퍼스에 흩어져 있는 각 학부가 서로 교류하려는 일은 쉽지 않습니다. 하버드대학교처럼 도시 안에 대학 시설이 흩어져 있는 경우에는 더더욱 그럴 것입니다.

그러나 저도 강연을 위해 두 차례 방문했을 때, 하버드대학교 교수들이 학부를 뛰어넘어 활달하게 교류하는 모습에 감명받았습니다.

록스 아시다시피 하버드대학교 건물도 의과대학원과 공중위생대학원은 보스턴 시가지에 있고, 경영대학원은 강 건너편에 있습니다. 이러한 건물 배치는 건물의 물리적 거리 이상으로 다른 분야 학문을 종합화하는 데 어려움을 주고 있습니다.

하버드대학교에서 각 학부가 분단되어 있는 모습은 현재 진행 중인 '지식의 단편화' 실정을 단적으로 나타낸다고 할 수 있습니다.

이케다 학문과 연구를 진행하는 데 '무엇을 위한 연구인가?' '무엇을 위한 지식인가?'라는 물음을 늘 되새겨야 합니다.

그러나 지식이 세분화되고 전문화될수록 그 원점을 잊고 '학문을 위한 학문'이 되는 경우가 적지 않습니다.

핵무기 폐기를 위해 일생을 바친 물리학자 로트블랫 박사도 저와 나눈 대담에서 이 점을 깊이 우려하셨습니다.

그리고 '우리가 하는 일을 어떻게 응용하든 우리와 관계

보스턴21세기센터(현재 이케다국제대화센터)에서
콕스 박사(왼쪽에서 세 번째)가 참석한 세미나.
맨 왼쪽은 하버드대학교의 눌 야먼 교수, 그 옆은 투 웨이밍 교수(2008년)

없다' '과학자는 과학적 연구만 추진하면 된다'는 사고를 '비도의적인 태도'라고 엄하게 지적하셨습니다.[16] 그야말로 유언과 같은 울림이 묻어납니다.

역시 세분화된 지식을 통합해 평가하는 종합적인 학문이 필요하며, 그것들의 기초가 되는 윤리나 사상이 필요합니다. 최근에 '전인교육'을 목적으로 하는 리버럴 아트(교양) 교육이 재조명되는 이유도 여기에 있다고 생각합니다.

콕스 그렇습니다. 현재 연구자들은 연구의 '전문화' '과잉 전문화' '초전문화'로 윤리상의 문제에 근본적인 의문을 던지기가 어려워졌습니다.

많은 고등 교육기관에서는 다양한 '사실'에는 정통하지만 '가치'에 관해서는 자력으로 생각할 기회조차 없는 사람들이 계속 나오고 있습니다.

이케다 대학에서 실시하는 교양 교육을 중시한 스페인의 철학자 호세 오르테가 이 가세트[17]는 이렇게 경고했습니다.

"중세 대학과 비교하면 우리 시대 대학은 당시의 새싹 상태에 지나지 않는 전문직 교육을 터무니없이 확대하고 나아가 연구 활동을 덧붙였다. 그리고 교양을 교육하고 전달하는 일은 거의 전적으로 포기했다. 이러한 일은 분명한 폭동이다. 유럽은 오늘날 그에 대한 불길한 과보를 받고 있다."[18]

오르테가가 우려한 점은 '인간은 어떻게 살아가야 하는 가'라는 철학을 망각하고, 세분화된 전문 분야 연구에만 급급한 지식인, 다시 말해 '새로운 야만인'의 증가였습니다.

안타깝게도 오르테가의 예언은 제2차 세계대전의 발발로 실현되었습니다. 아시다시피 제2차 세계대전에서는 원자폭탄을 비롯해 최신 과학이 낳은 강력한 무기로 무고한 사람들이 수없이 희생되었습니다.

콕스 인류가 잊지 말아야 할 중대한 역사적 교훈입니다. 이전에도 이케다 회장에게 하버드대학교에는 다른 학부와 부문의 사람들이 모여 서로 의견을 교환하고 모든 것을 공유할 수 있는 공간이 필요하다고 말씀드린 적이 있습니다.

하버드대학교 캠퍼스의 중심에 위치한 항구적인 시설이 필요하다고 생각했습니다.

그러던 중 1993년, 이케다 회장이 평화연구기관 '보스턴 21세기센터(현재 이케다국제대화센터)'를 설립하셨습니다. 이

센터는 지리적으로 곳곳에 흩어져 있는 하버드대학교 캠퍼스의 중심에 자리하고 있습니다. 우리 교직원 건물에서 한 블록도 떨어지지 않은 곳에, 하버드대학교까지 걸어서 얼마 걸리지 않는 곳에 있습니다. 하버드대학교 건물 중에 이곳과 견줄 만한 지리적 조건을 갖춘 건물은 없습니다.

보스턴21세기센터는 어느 의미로는 하버드대학교 전체에 상당히 공헌하고 있는 셈입니다. 게다가 그 공헌도는 앞으로 더욱 높아질 것입니다.

이케다 감사합니다. 박사를 비롯한 많은 분의 진심 어린 지원 덕분입니다.

지금까지 보스턴21세기센터는 하버드대학교와 협력해 다양한 심포지엄과 세미나를 개최했습니다.

콕스 박사를 비롯해 각 분야의 일류 학자와 지성이 참석해 종교와 민족 분쟁을 비롯해 빈곤과 환경 문제 등 인류가 맞닥뜨린 여러 문제를 해결하는 방도를 탐구했습니다.

콕스 모두 굉장한 내용이었습니다. 게다가 그뿐만이 아닙니다. 보스턴21세기센터는 그 '공간' 자체가 매우 훌륭합니다.

시설이 구석구석 잘 갖춰져 건물 존재만으로 주위 분위

기가 크게 바뀌었습니다. 이 센터가 개최한 회의에 함께 참석한 사람들이 "다른 곳에서는 절대 경험하지 못할 추억을 만들었다"고 제게 자주 이야기했습니다.

그 공간은 다른 건물에서는 좀처럼 맛볼 수 없는 독특한 분위기가 있습니다. 그리고 그러한 공간이 다른 곳에도 더 많이 생기기를 바랍니다.

새로운 '가치 창조'를 향한 도전

/

이케다 많은 지성이 대화를 나누는 '광장'으로서 활용되는 일은 '문명 간 대화' 촉진을 지침으로 삼은 보스턴21세기센터의 목적에도 들어맞습니다.

조금 전에 이야기한 '지식의 단편화'와도 관련된 이야기이지만 여기서 '종교'와 '교육'의 관계를 잠시 여쭙고 싶습니다.

현대에서 과학이 진보할수록 종교를 비과학적이고 비합리적인 존재로 여겨 멀리하는 경향이 있습니다.

그러나 지금까지의 역사에서 종교가 안타깝게도 때로는

광신적인 면이 맹위를 떨친 일이 있기는 하지만, 인간 사회에 없어서는 안 될 규범과 윤리의 기반이 된 것도 사실입니다. 과학 만능주의 아래 종교를 배제한다면 인간의 양심과 정신성 또한 사회 한구석으로 쫓겨날 것입니다.

그러한 오만함이 가져온 안이함이 결국 틀림없이 인간에게 재앙이 되어 되돌아올 것입니다.

록스 저는 '과학이 진보할수록 종교의 존재 가치는 감소한다'는 등의 사고방식을 받아들일 수 없습니다.

종교는 인생의 의미와 가치 그리고 사람과 사람의 유대와 관련되어 있습니다. 이들 중 어느 것도 단순히 과학적인 방법으로 이해할 수도 없고, 해답을 제시할 수도 없습니다.

과학적인 방법으로는 예를 들면 '이 세계는 왜 존재하는가?'라는 근본적인 의문에 수긍이 가는 해답을 줄 수 없습니다.

사람인 이상 우리는 '나는 왜 존재하는가? 이 세상에서 나는 어떤 역할을 완수해야 하는가?'라는 의문이 끊임없이 생깁니다. 이러한 의문들은 종교가 수세기에 걸쳐 해결하고자 힘쓴 문제입니다.

그리고 이러한 의문을 그만둘 때 우리는 더 이상 인간이 아닙니다. 그것은 우리가 로봇이 되는 길을 걷기 시작할 때입니다.

이케다 참으로 옳은 말씀입니다.

'인간은 어떻게 태어나는가?'에 대해 과학은 일정한 답을 낼 수 있습니다. 그러나 '어찌하여 태어났는가?' '어찌하여 이 시대에, 이 나라에 태어났는가?' '어떻게 살아가야 하는가?'라는 근본적인 의문에는 답하지 못합니다.

제 우인이자 퍼그워시회의 회장을 역임한 몬콤부 스와미나탄[19] 박사는 농학자로서 밀이나 쌀의 품종 개량에 노력해 인도를 비롯한 아시아의 식량위기를 면하는 데 크게 공헌했습니다. 스와미나탄 박사가 학문을 시작한 출발점은 '기아에 허덕이는 인도 사람들을 구하고 싶다'는 뼈에 사무치게 절실한 마음에 있었습니다.

'무엇을 위해 영지를 연마하는가?' 이것은 제가 설립한 소카학원과 소카대학교 학생들에게도 한결같이 강조한 점입니다.

콕스 맞습니다. 무엇을 위한 학문인가? 무엇을 위해 연구하는가? 지금이야말로 그러한 사명감과 목적관을 밝혀야 합니다.

이케다 인생은 과학으로 딱 잘라 결론지을 만큼 단순하지 않습니다. 살아 있는 한 여러 모순과 고난에 부딪힙니다. 불교를 비롯해 여러 종교가 탄생한 까닭도 그러한 현실의 어려움에 허덕이는 사람들의 물음에 답하기 위해서였습니다.

종교는 인간이 고난을 이겨내고 더욱더 높은 차원의 목적과 이상을 향해 살아가기 위한 진로를 제시한다고 할 수 있습니다.

또 진실한 종교와 과학은 상반하지 않습니다. 은사 도다 제2대 회장은 과학이 발전할수록 불법의 올바름이 증명될 것이라고 자주 말씀하셨습니다.

콕스 제가 알고 있는 바로는 창가학회의 목적은 '가치 창조'에 있습니다. 저는 이것이 매우 중요한 관점이라고 생각합니다.

일반적으로 우리는 가치적인 교육이라든지 도덕적인 이론을 크게 논합니다. 이미 존재하는 것을 그저 '복제'하는 것이 아닌 현실에서 가치를 '창조'하는 일이 중요합니다. 왜냐하면 역사는 끊임없이 나아가고 있기 때문입니다. 거기에는 새로운 도전이 나타납니다. 이 때문에 우리는 새로운 가치를 분별하는 식견이 필요합니다.

과거의 방법을 그저 답습하는 듯한 교육은 한계가 있습니다. 무언가 새로운 창조를 위해 사람들을 고무하는 듯한, 아니 오히려 사람들을 움직이게 만드는 교육이 필요합니다. 이러한 의미에서 마키구치 초대 회장은 참된 교육 개혁자이십니다.

이케다 깊이 이해해주셔서 감사합니다.

마키구치 회장은 참으로 위대한 교육자셨습니다. 초등학교 교장으로서 현장 경험에 바탕을 둔 '살아 있는 교육학'을 만들어내셨습니다. 교육의 목적은 '아이들의 행복'이라는 신념을 관철하고 실천하셨습니다. 매우 진지하셨기에 때때로 권력을 쥔 사람들의 눈 밖에 나서 다른 학교로 좌천당하는 등 탄압을 여러 번 받기도 하셨습니다.

'교육개혁'을 위한 도전에서 시작한 마키구치 회장의 노력은 이윽고 니치렌 불법과 만남으로써 인간을 본원적으로 향상시키고 변혁하는 종교운동으로 발전했습니다. 어떻게 하면 가장 가치 있는 인생을 보낼 수 있는가? 마키구치 회장은 그 해답을 니치렌 불법에서 찾아냈습니다.

아무튼 저는 마키구치 초대 회장과 도다 회장의 뜻을 이어받아 유치원부터 대학원에 이르는 창가교육의 배움터를 세계 각지에 세웠습니다. 지금 그 졸업생들이 세계를 무대로 평화와 인류를 위해 눈부시게 공헌하고 있습니다. 제게 이 사실만큼 기쁜 일은 없습니다.

콕스 일본의 소카학원과 소카대학교를 비롯해 미국소카대학교 등이 발전하는 이야기는 저도 자주 듣고 있습니다.

이케다 콕스 박사에게는 앞으로도 미국소카대학교에 관련해 다양한 조언을 구하고 싶습니다.

은사 도다 회장은 "200년 뒤를 위해 지금 투쟁해야 한다"고 자주 말씀하셨습니다. 저도 그러한 결의로 교육에 전 혼을 기울여 힘쓰고 있습니다. 교육이야말로 제 인생의 총마무리 사업입니다.

미국을 대표하는 종교학자, 교육자, 신학자이신 콕스 박사와 대화를 나눔으로써 참으로 많이 촉발되고 더없이 많은 성과를 얻었습니다.

콕스 저야말로 진심으로 감사드립니다. 이케다 회장과 나눈 대화는 참으로 즐거웠습니다.

저는 이 대담에서 많은 것을 배웠습니다. 새로운 사고방식을 흡수했습니다. 우리는 이러한 대화로 지금까지 자신이 모르던 새로운 식견과 가능성을 알 수 있습니다.

소크라테스[20]는 '대화'가 갖는 뛰어난 효용을 알고 있었습니다. 그렇기 때문에 대화를 자신의 설교에 활용했습니다. 이케다 아닙니다. 저야말로 박사에게서 많은 교훈을 얻어 감사할 따름입니다.

스승 소크라테스의 말을 제자 플라톤이 남겼습니다. "혼의 탐구가 없는 생활은 인간에게 충분한 삶의 보람이 없다" "단순히 살아가는 것이 아니라 잘살아가는 것이 가장 중요하다"[21]라고 말입니다.

'살아 있는 한 앞으로! 살아 있는 한 새로운 가치 창조를!'이라는 기개로 앞으로도 함께 나아갑시다.

각주

/

제1장 종교 부흥의 시대를 맞아

/

01 국제창가학회(SGI) 1975년 1월 26일, 괌에서 세계 51개국·지역 대표가 모여
    발족했다. 니치렌(日蓮) 대성인의 불법(佛法) 사상을 바탕으로 인류의 행복과 번
    영, 항구적 세계 평화를 실현하기 위해 힘쓰는 단체다. 현재 192개국·지역에서
    니치렌 대성인 불법을 실천하며 생활 속에서 가치를 창조하고 사회에 평화, 문
    화, 교육 운동을 펼치고 있다.

02 존 케네스 갤브레이스 1908~2006년. 20세기를 대표하는 미국의 경제학자이자
    하버드대학교 교수. 미국경제학회 회장 외에 루스벨트 정권의 경제고문 등을 역임
    했다. 이케다 SGI 회장과 나눈 대담집으로 《인간주의의 위대한 세기를》이 있다.

03 프리드리히 빌헬름 니체 1844~1900년. 독일의 철학자다. 기독교적 윤리관에 따
    른 약자적 도덕이 유럽에 니힐리즘(허무주의)을 가져오고 인간 본래의 삶의 방
    식을 부정한다고 하여 당시 주류의 근대 철학을 격렬히 비판했다. 저서로는 《차
    라투스트라는 이렇게 말했다》 등이 있다.

04 새뮤얼 헌팅턴 1927년생. 미국의 정치학자이자 하버드대학교 교수. 1977~78년
    미국의 국가안전보장회의에 참가했다. 국제전략론 전문가다.

05 〈포린 어페어스〉 1922년 미국외교문제평의회가 창간한 외교 전문지다.

06 셈족 셈어계 언어를 사용하는 여러 민족의 총칭이다. 아라비아인, 에티오피아인, 유대인 등이 포함된다. 유대교, 기독교, 이슬람교를 낳았다.

07 마지드 테헤라니안 1937년생. 하와이대학교 명예교수이자 도다기념국제평화연구소 초대 소장이다. 커뮤니케이션론, 정치학, 중동 연구 전문가다. 이케다 SGI 회장과 나눈 대담집으로 《21세기를 향한 선택》이 있다.

08 모하마드 하타미 1943년생. 1978년 옛 서독의 이슬람센터 소장이 되어 1979년 이슬람 혁명 때 귀국한다. 이듬해인 1980년에 국회의원이 된다. 1997년 5월 대통령 선거에서 당선해 혁명 후 이란 대통령으로서는 처음으로 서방 여러 나라를 방문하는 등 국제 관계 개선에 힘썼다. 2005년 6월 대통령 선거에서 보수 강경파인 아마디네자드에게 패했다.

09 히라노 지로 번역 《문명의 대화》(교도통신사)

10 아널드 토인비 1889~1975년. 영국의 역사가. 발생, 성장, 쇠퇴, 소멸의 주기를 반복하는 '문명'에 기초를 두고 그곳에서 법칙을 이끌어내 독자적인 역사관을 창출했다. 저서로는 《역사의 연구》 외에 이케다 SGI 회장과 나눈 대담집 《21세기를 여는 대화》가 있다.

11 펜실베이니아주 미국 동북부에 위치한 주(州)로 주 내 최대 도시인 필라델피아는 '미합중국 발상지'라고 불리기도 한다.

12 대공황 1929년 10월 24일(암흑의 목요일), 뉴욕 증권거래소의 주가가 크게 폭락한 것을 계기로 일어난 세계사상 최악의 대불황을 말한다. 미국을 비롯해 영향을 받은 각국에서 기업 도산이 늘고 사회 불안이 퍼졌다.

13 와이어스 래버러토리스 1860년 와이어스 형제가 필라델피아에서 창업했다. 현재 140개국이 넘는 곳에서 제품을 판매하는 다국적 제약회사다.

14 페니실린 세계에서 처음 발견된 항생물질로 1929년 알렉산더 플레밍이 발견했다. 폐렴, 패혈증 등 많은 세균성 질환의 치료에 사용되고 있다.

15 마키구치 쓰네사부로(牧口常三郎) 1871~1944년. 지리학자이자 교육자. 창가학회 초대 회장이다. 미(美)·이(利)·선(善)의 가치관에 바탕을 둔 창가교육학설과 니치렌 불법의 신앙을 위해 창가교육학회(창가학회의 전신)를 설립했다. 제2차 세계대전 중 당시 군국주의와 그 사상적 배경을 이룬 국가신도를 비판했다. 불경죄(不敬罪)와 치안유지법 위반으로 투옥되어 옥사했다.

16 반일학교제도 마키구치 쓰네사부로가 저서《창가교육학체계》에서 제창했다. 교
    실에서 배우는 지식과 실생활에서 체득하는 체험의 양면을 중시해 '학습하면서
    실제 생활도 함'으로써 인격을 배양하는 것을 목적으로 삼는다.

17 토머스 에디슨 1847~1931년. 미국의 발명가. 1870년 발명가로서 자립했다. 그
    발명과 개량은 전화기, 축음기, 백열전구, 무선전신, 영사기, 전기철도 등 수많은
    분야에 걸친다. 창조적 활동으로 평생에 걸쳐 1300건이 넘는 특허를 냈다.

18 소년항공병 옛 일본 육군으로 징병 연령 이전의 청소년을 대상으로 한 지원제
    항공병을 말한다.

19 베트남전쟁 반대운동 베트남전쟁(1960~75년)이 격화됨에 따라 1960년대 후반
    미국에서 공민권 운동과 연동해 베트남전쟁을 반대하는 움직임이 일었다. 그 뒤
    세계 각국에서 반전(反戰)과 평화를 위한 광범위한 시민운동이 전개되었다.

20 퀘이커 교도 청교도계 개신교의 한 종파. 17세기 후반 영국의 조지 폭스가 창시
    하고 윌리엄 펜 등이 협력해 영국과 미국을 중심으로 발전했다. 모든 사람은 '내
    면의 빛'을 간직하고 있다고 믿고 행동해야 한다고 설한다. 폭력을 부정하고 전
    쟁에 반대하는 평화주의를 철저히 관철했다. 양심적 병역 거부로 알려져 있다.

21 메노파 개신교의 한 종파. 네덜란드 종교 혁명가인 메노 시몬스가 창시해 북미
    를 중심으로 세력을 넓혔다. 유아세례, 공직취업, 병역 등을 거부한다. 또 성서에
    바탕을 둔 평화주의로 세계에서 봉사 활동을 펼치고 있다.

22 감리교과 개신교의 한 종파. 영국 국교회의 목사 존 웨슬리가 창시했다. 엄격한
    종교 생활을 기본으로 삼아 사회 개량과 교육에 힘을 쏟는 것이 특징이다.

23 엘리스 볼딩 1920년생. 노르웨이 출신의 평화학자이자 사회학자. 세 살 때 미국
    으로 이주했다. 경제학자인 케네스 볼딩과 결혼한 뒤 육아와 연구를 병행하며 미
    시간대학교에서 사회학 박사학위를 취득했다. 평화학 이외에도 '가정사회학' 연
    구로 알려져 있다. 국제평화연구학회 사무국장과 유엔대학 이사 등을 역임했다.
    이케다 SGI 회장과 나눈 대담집으로《평화의 문화가 빛나는 세기로!》가 있다.

24 윌리엄 펜 1644~1718년. 옥스퍼드대학교 재학 중에 퀘이커 교도가 되어 반권력
    적인 신앙의 자세를 관철하다 여러 차례 투옥되었다. 그 뒤 북미 개척에 참가해
    신교의 자유와 인권의 존중을 중요하게 여긴 통치기구의 확립을 목표로 펜실베
    이니아의 발전을 위해 노력했다.

25 제임스 루터 애덤스 1901~94년. 미국의 신학자로 하버드대학교 교수 등을 역임
   했다. 자유주의적인 신학 연구 활동을 전개했다.

26 폴 틸리히 1886~1965년. 종교 철학자로 독일에서 나치스의 박해를 받아 미국으
   로 망명했다. 하버드대학교 교수 등을 역임했다. 종교와 문화 등 창조적인 사상
   을 전개했다. 1960년에 일본을 방문했다.

27 도다 조세이(戶田城聖) 1900~58년. 창가학회 제2대 회장이다. 초등학교 교원 시
   절 초대 회장 마키구치 쓰네사부로를 사사했다. 제2차 세계대전 중 군국주의와
   국가신도에 반대해 마키구치와 함께 투옥되었다. 제2차 세계대전이 끝나고 창가
   학회를 재건해 1951년에 회장으로 취임했다. 창가학회 발전의 토대는 물론 '원
   수폭 금지 선언'을 발표하는 등 창가학회 평화운동에 대한 지침을 명확한 이념
   으로 내세웠다.

28 지구 민족주의 도다 조세이 창가학회 제2대 회장이 제창했다. 국가, 인종, 문화
   등의 벽을 초월해 지구에서 함께 사는 인류 전체를 하나의 민족으로 보는 사고다.

29 도다기념국제평화연구소 1996년, 도다 조세이 창가학회 제2대 회장의 평화사상
   을 원점으로 삼아 항구적인 평화의 창조를 향한 연구와 국제적인 평화 네트워크
   의 확대를 목적으로 설립되었다.

30 마틴 루터 킹 1929~68년. 미국의 흑인 공민권 운동의 지도자. 비폭력주의를 내
   건 흑인의 공민권 운동에서 지도적 역할을 맡아 흑인에 대한 차별 철폐와 지위
   향상에 크게 공헌했다.

제2장 비폭력이야말로 최고의 용기

01 미국 공민권 운동 1950~60년대에 시민들이 활발하게 펼친 인권 투쟁이다. 흑인
   들이 교육, 고용, 선거 등 공민권의 부당한 차별 철폐를 요구하는 운동을 펼친
   결과 1964년에 공민권법이 제정되었다.

02 버스 보이콧 운동 1955년 로자 파크스가 시(市)에서 운영하는 버스 안에서 백인
   에게 자리를 양보하라는 명령을 거부해서 체포되었다. 이것을 계기로 부당한 인
   종차별에 항의해 버스 이용을 거부하는 운동이 시작되었다.

03 침례교 기독교 개신교의 최대 종파 중 하나로 17세기 영국에서 시작해 지금은 미국에 신도가 많다. 흑인들이 가장 많이 믿는 종파다.

04 남부기독교지도자회의 1957년, 킹 목사를 초대 의장으로 하여 뉴올리언스에서 설립했다. 설립 때 미국 남부 10개 주에서 백인 목사가 참가했다. 직접적인 비폭력 행동으로 공민권 운동을 추진했다.

05 버밍햄시 미국 남부 앨라배마주의 공업도시로 인구의 70퍼센트 이상이 흑인이다. 당시 미국에서 인종차별이 가장 심한 곳이었다고 한다.

06 기관목사 학교나 병원을 비롯한 교회 이외의 여러 시설에 있는 예배당에서 봉사 등의 활동에 종사하는 목사를 말한다.

07 마하트마 간디 1869~1948년. 인도의 정치 지도자이자 사상가. 남아프리카공화국에서 변호사를 하다가 인권 운동에 참여했다. 귀국한 뒤 영국의 지배에서 벗어나려는 인도 독립 운동을 지휘했다. '비폭력 불복종' 사상을 일관해서 관철했다. 독립하고 나서 힌두교 광신도에게 암살당했다.

08 벤저민 메이스 1894(?)~1984년. 미국의 교육자로 간디에게 배운 최초의 흑인이다. 1920년 시카고대학교 대학원에 입학했다. 1940년 모어하우스대학교 제6대 총장에 취임했다. 킹 목사의 은사로서 공민권 운동의 정신적인 지주가 되는 등 다대한 영향을 끼쳤다.

09 모리모토 다쓰오 역《비폭력의 정신과 대화》(제삼문명사)

10 리처드 닉슨 1913~94년. 미국 제37대 대통령으로 재임 중에 베트남에 대한 군사 개입을 끝냈다. 1974년, 미국 역사상 가장 큰 정치 스캔들인 워터게이트 사건으로 사임했다.

11 존 F. 케네디 1917~63년. 미국 제35대 대통령으로 외교에서는 공산권 지도자와 적극적으로 협상을 벌여 쿠바 위기를 벗어나는 등 이른바 평화 공존 시대를 열었다. 내정에서는 도시, 교육, 빈곤 문제 등을 다뤄 신공민권법을 제안하는 등 인종차별 철폐에도 힘썼다. 1963년 텍사스주 댈러스에서 암살당했다.

12 로버트 F. 케네디 1925~68년. 미국의 정치가, 변호사. 형 존 F. 케네디 대통령이 정권을 잡았을 때 법무장관을 역임했다. 1968년 베트남전쟁 반대를 내걸고 출마한 대통령 선거 도중에 암살당했다.

13 에드워드 M. 케네디 1932~2009년. 미국의 정치가. 매사추세츠주 연방 상원의원으로 민주당 진보 정치계의 유력 지도자였다.

14 존 F. 케네디 대통령 도서관과 박물관의 영문 홈페이지에서.

15 쿠에르나바카 멕시코 중남부 모렐로스주의 주도(州都). 지금은 수도 멕시코시티 남쪽 지역 주택가로 꽃의 도시라고도 부른다. 노후를 보내고자 해외에서 이주하는 사람도 많다.

16 홀 케인 1853~1931년. 영국의 소설가로 베스트셀러 작가이자 사회 동향에 대해 혁신적인 제언을 한 저널리스트. 대표작으로 《영원의 도읍》이 있다.

17 프리드리히 실러 1759~1805년. 독일의 시인, 역사학자, 극작가, 사상가. 괴테와 함께 독일 고전주의의 황금시대를 구축했다. 주요 극작품으로 《군도》《돈 카를로스》가 있다. 시로는 《이상과 인생》《산책》 등이 있다.

18 기타 미치부미 역 《돈 카를로스》《세계문학대계18 실러》 수록.(쓰쿠바서방)

제3장 물질주의의 환상을 넘어

01 콕스 박사 강연 '변모하는 국제사회와 종교의 역할'(1992년 5월 20일자 세이쿄신문)

02 페르디난트 퇴니에스 1855~1936년. 독일의 사회학자. 저서 《게마인샤프트와 게젤샤프트》로 사회학 역사에 다대한 공적을 남겼다. 만년에는 인구 통계나 여론, 사회문제 등의 실증적 연구에 종사했다. 사회학의 이론적 체계화에도 힘써 독일 사회학 발전에 기여했다.

03 스기노하라 주이치 번역 《게마인샤프트와 게젤샤프트》(이와나미서점)

04 《법화경》 대승불교 경전이다. 한역으로는 구마라습이 번역한 《묘법연화경(妙法蓮華經)》을 널리 채용해 일반적으로 법화경이라고 하면 《묘법연화경》을 가리킨다. 대승경전을 대표하는 경전으로 중국이나 일본의 여러 문화에 큰 영향을 끼쳤다.

05 《불유교경(佛遺教經)》 유교경(遺教經)이라고도 한다. 유교(遺教)는 유법(遺法), 유계(遺戒), 유훈(遺訓) 등 부처가 입멸한 뒤 제자들이 지키도록 설한 가르침을 말한다.

06 석존 기원전 463~기원전 383년(여러 설이 있음). 불교의 개조(開祖). '석존'은 '석가족의 존자(尊者)'라는 의미로 이름은 고타마 싯다르타. 인도 북부의 카필라성 성주인 정반왕의 아들로 태어났다. 인생의 깊은 문제를 고민하여 출가했다.

07 중도(中道) 고락(苦樂)이나 유무 등 양극단에 집착하지 않고, 어느 한쪽으로 치우치지 않는 곧고 올바른 삶의 자세를 말한다. 모든 존재에게 본디 갖추어진 진실한 모습을 가리키는 말로 해석된다.

08 회신멸지(灰身滅智) '몸을 재로 만들고 지혜를 멸한다'는 뜻이다. 번뇌를 끊어버리고자 몸과 마음을 무(無)로 함으로써 생사의 고뇌에서 벗어나려고 했다.

09 이케다 다이사쿠·아널드 토인비《21세기를 여는 대화》(세이쿄와이드문고)

10 세속화 종교적 영역에 속해 있던 정치적, 문화적 여러 일이 종교가 가진 '성스러움'의 권위에서 멀어지는 것을 말한다.

11 신비주의 신비로운 영적 체험에 최고의 구제 가치가 있다고 여기고 독특한 사상과 행동을 펼치는 종교 체계나 형태의 총칭이다.

12 해방신학 1968년에 개최한 제2회 라틴 아메리카 주교회의에서 시작되었다. 빈곤을 낳는 경제적 요인을 분석하고 계급 투쟁이나 이데올로기의 통찰을 위해 마르크스주의 등 사회과학을 적극적으로 이용했다.

13 이란의 이슬람 혁명 1979년 팔레비 왕조가 붕괴되고 이란이 이슬람 공화국으로 재탄생한 혁명이다. 호메이니를 최고 지도자로 하는 새 정권이 발족해 이슬람 공화국 헌법을 제정하고 이슬람교의 이념을 중심으로 한 정치 체제를 세웠다.

14 러시아정교 기독교 동방정교회의 일파로 러시아에서 가장 널리 신앙하고 있다. 1054년 '동서 교회 분열'로 서방 가톨릭 교회와 분리되어 '올바른 신앙'이라는 의미에서 스스로 '정교회'라고 이름을 붙였다.

15 보스턴21세기센터 1993년 이케다 SGI 회장이 하버드대학교에서 강연한 것을 계기로 설립되었다. 평화의 문화를 기반으로 하는 시민의 세계적인 네트워크 구축을 목적으로 하는 국제적 평화 연구기관이다. 2009년 기관의 목표를 더욱 분명히 하기 위해 이름을 '이케다국제대화센터'로 바꿨다.

제4장 인터넷 사회의 공죄(功罪)와 인간의 유대

/

01 케임브리지시 미국 동북부 매사추세츠주 동부에 위치한 도시. 미국을 대표하는 대학이 모여 있는 대학 도시로 하버드대학교와 매사추세츠공과대학교 캠퍼스가 있다.

02 무함마드 570~632년경. 이슬람교의 창시자. 마흔 살 때 유일신의 계시를 받아 예언자로서 자각했다고 한다. 가르침은 성전 코란으로 정리되었다.

03 요한 바오로 2세 1920~2005년. 1978년에 기독교 중 가장 큰 교파인 로마 가톨릭 교회에서 최고 성직자 위치인 로마 교황 자리에 올랐다. 세계 평화를 이루기 위해 세계 각국을 순방했다.

04 천주교중앙협의회 홍보 번역 '인터넷-복음선교의 새로운 장 포럼'

05 불성(佛性) 부처의 본디 성질로 부처가 될 가능성을 뜻한다.《법화경》에는 "성불하기 위한 인(因)을 모든 중생이 갖추고 있다"고 씌어 있다.

06 신과 닮은 모습(신성) '인간은 모두 신과 닮은 모습으로 만들어졌다'는 기독교의 가르침이다.

07 우에노 게이이치 번역《동양으로》(히라가와 출판사)

08 성(聖) 프란체스코 1181?~1226년. 프란체스코 수도회의 창설자. 예수의 모습을 따라 청빈(淸貧), 정결(貞潔), 봉사하는 생활을 지켰다. 꽃이나 작은 새에 이르기까지 모든 존재에게 순수한 사랑을 쏟아 '예수에게 가장 근접한 성자'로 불렸다.

09 청교도(퓨리턴) 16세기 후반 이후 영국 국교회의 신앙과 관행에 반대하고 성서(聖書)에 따라 더욱 철저한 종교개혁을 추진하고자 한 개신교 여러 교파의 총칭이다. 국교회에 머물면서 내부 개혁을 꾀한 사람도 있지만, 국외로 탈출해 이상을 실현하고자 한 사람들은 미국 동북부 뉴잉글랜드로 건너갔다.

10 월터 라우션부시 1861~1918년. 미국의 목사. 사회적 복음(운동)을 지도했다. 복음서에 씌어 있는 예수의 일생과 그 가르침인 복음이라는 관점에서 노동자의 사회문제를 보고, 신의 나라를 실현하고자 했다.

11 클레이본 카슨 편집, 가지와라 히사시 역《마틴 루터 킹 자서전》(일본기독교단 출판국)

12 불가촉천민(不可觸賤民) '불가촉민'이라고도 한다. 인도에서 최하위 계층을 가리킨다. 인도의 차별적인 신분제도인 카스트 제도에서 가장 천한 신분으로 여겼다.

13 로버트 J. 리프턴 1926년생. 미국의 정신의학 심리학자. 예일대학교 교수 등을 거쳐 뉴욕시립대학교 교수로 새로운 각도에서 정신의학의 길을 탐구했다. 1962년 히로시마에서 피폭자와 대면을 거듭해《죽음 속의 생명》을 출판했다. 그 외에《종말과 구제의 환상》등 다수의 저서가 있다.

14 와타나베 마나부 역《종말과 구제의 환상》(이와나미서점) 참조

15 승가 본디 뜻은 '집단'으로, 고대 인도에서는 자치 조직 등을 승가라고 불렀다. 이것이 불교를 수행하는 사람들이 모인 것을 지칭하는 말로 사용되었다. '화합중(和合衆)' 등으로 한역되었다.

제5장 문명을 잇는 평화를 향한 행동

01 펀더멘털리즘(근본주의, 원리주의) 본디 1920년대에 일어난 미국 개신교 복음우파의 사상과 운동을 말했다. 최근에는 더 넓은 의미로 사용되어 일반적으로 근대주의, 세속주의를 비판하는 급진적, 교조적 종교 운동을 의미하는 경우가 많다.

02 하버드대학교 미국 매사추세츠주에 있는 명문 대학. 1636년에 개교한 이래 지금까지 미국 대통령 7명을 비롯해 다수의 노벨상 수상자를 배출한 세계 유수의 교육 연구 기관이다.

03 전통주의자 일반적으로는 혁신에 저항해 종교나 사회 그리고 문화 속에 전통적으로 존재하는 가치와 방법을 존중하는 사람들을 가리킨다.

04 월레 소잉카 1934년생. 나이지리아의 시인이자 극작가. 이바단대학교를 졸업한 뒤 영국 리즈대학교에서 고전, 현대 연극의 이론과 실기를 배웠다. 귀국한 뒤 극단을 꾸려 아프리카 연극과 유럽 연극의 융합을 꾀했다. 민주화 운동에도 활약했다. 희곡 《사자와 보석》, 시극 《숲의 춤》 등이 있다. 1986년에 노벨 문학상을 수상했다.

05 '요미우리신문'(1995년 11월 29일자)

06 투 웨이밍 1940년생. 미국의 종교학자로 하버드대학교 중국역사철학과 교수이자 하버드대학교 옌칭연구소 소장이다. 세계적인 유교 연구의 대가로도 유명하다. 2001년 유엔의 '문명 간 대화의 해'에 각 문명을 대표하는 지식인이 모인 '세계현인회의'에 유교 문명 대표로 참석했다.

07 유교 중국 춘추시대 말기 사상가 공자에게서 시작되었다. 한나라 무제(武帝) 시대부터 국교(國敎)로 지정되어 청나라가 붕괴할 때까지 역대 왕조의 지지를 받은 중국의 대표적 사상이다. 주로 혈연을 기초로 윤리를 설한 것으로 알려졌으며, 한국과 일본 등 한자 문화권에 큰 영향을 끼쳤다.

08 《논어》공자의 언행록으로, 공자의 제자들이 편찬했다고 추측된다. 유교의 대표적인 경전이다.

09 나카무라 하지메 역《붓다의 진리의 말씀 감흥의 말씀》(이와나미서점)

10 메카 사우디아라비아 서부, 헤자즈 지방의 주요 도시. 이슬람에서 제일 가는 성지(聖地)로, 세계 곳곳의 신도가 날마다 메카 방향으로 예배한다. 성지 순례월에는 최근 250만 명이 넘는 사람들이 찾는다.

11 메디나 사우디아라비아 서북부 종교 도시로, 이슬람에서 메카에 버금가는 성지. 예언자 무함마드가 메카에서 박해를 받고 쫓겨나 이주한 곳으로 그의 묘지도 여기에 있다.

12 눌 야면 1931년생. 터키 출신의 문화인류학자. 케임브리지대학교에서 배우고 시카고대학교 교수를 거쳐 하버드대학교 교수를 지냈다. 하버드대학교의 중동연구센터 소장, 문화인류학부장을 역임했다. 세계 각지에서 현지 조사를 실시해 종교와 사회의 관계 연구로도 저명하다. 이케다 SGI 회장과 나눈 대담집《오늘의 세계 내일의 문명》이 있다.

13 하시모토 코헤이, 하타케야마 케이이치 감수, 번역《종교와 국가》(PHP연구소)의 제12장 '세계 종교와 분쟁 해결'

제6장 생명 존엄과 핵 폐기를 위한 길

/

01 조지프 로트블랫 1908~2005년. 영국의 물리학자로 제2차 세계대전 때 원폭 개발과 제조를 목표로 만든 맨해튼 계획에서 탈퇴했다. 1955년, 핵 전쟁의 위기에 대한 과학자가 해야 할 사회적 책임을 외친 '러셀·아인슈타인 선언'에 서명했다. 1957년, 반전 평화를 외치고 핵무기 폐기를 목적으로 하는 과학자들의 모임 '퍼그워시회의' 창설에 힘썼다. 초대 사무총장을 역임하고 이어 회장, 명예회장으로 활약했다.

02 모하메드 엘바라데이 1942년생. 이집트의 국제 법학자로 카이로대학교 법학부를 졸업했다. 이집트 외무부에 들어간 뒤 1984년에 국제원자력기구로 옮겨, 1997년 사무총장에 취임했다. 2005년 노벨 평화상을 수상했다.

03 원수폭금지선언 1957년 9월 8일, 요코하마 미쓰자와 경기장에서 도다 제2대 회장이 발표했다. '생존권'이라는 보편적 철학에 입각해 핵무기를 '절대악'으로 단죄했다.

04 핵확산금지조약(NPT) 1968년에 62개국이 조인하고 1970년 3월에 발효했다. 현재 체결국은 189개국이다.

05 핵 위협전 SGI가 유엔 홍보국과 협력해서 세계 주요 도시를 순회하면서 전시를 열었다. 1982년, 유엔본부에서 처음 전시를 열고 이후 20여 개국 약 40개 도시에서 개최해 약 170만 명이 관람했다.

06 전쟁경제 전쟁에 따르는 수요가 결과적으로 국가의 경제 자체를 지탱하는 구조를 가리킨다. 산업과 군사가 밀접하게 이어져 경기 동향을 좌우한다.

07 구조적 폭력 노르웨이 평화학자 갈퉁 박사가 제창한 개념이다. 개발도상국의 빈곤이나 억압적 상황의 본질적 원인을 국제 경제를 비롯한 국제적 요인에서 찾았다.

08 플라톤 기원전 427~기원전 347년. 고대 그리스 철학자로 소크라테스의 제자. 주요 저서로 《소크라테스의 변명》 《국가》 등이 있다.

09 드레스덴 독일 동부 작센주의 주도로 엘베강 유역에 위치해 '엘베의 피렌체'라고 불리는 경승지로 유명하다.

10 함부르크 독일 북부지방 도시로 베를린에 이은 독일 제2의 도시. 엘베강 하구에서 약 140킬로미터 떨어진 알스터 호수를 따라 발전한 세계적인 상업 항구도시로, 독일에서 해외로 나가는 항로의 중심적 역할을 하고 있다.

11 게르니카 스페인 바스크 지방의 도시. 1937년 4월, 프랑코 장군을 지원하는 나치스 공군이 게르니카를 폭격했다.

12 스페인 내전 1936~39년. 인민전선 정부에 반대하는 우익 세력이 프랑코 군사 봉기를 계기로 내전을 시작했다. 프랑코군이 마드리드를 점령하면서 내전은 종결되었다.

13 파블로 피카소 1881~1973년. 스페인의 화가. 입체파를 창시해 초현실주의를 도입하는 등 독자적으로 다채로운 화풍을 발전시켜 현대 미술의 길을 열었다.

14 로버트 맥나마라 1916년생. 미국의 정치가이자 사업가. 공군 중령으로 예편한 뒤 포드자동차회사에 입사했다. 1960년, 사장에 취임했다. 케네디, 존슨 두 정권에서 국방장관을 역임하며 쿠바 위기, 베트남전쟁을 지휘했다.

15 로버트 오펜하이머 1904~67년. 미국의 이론물리학자로 1943년부터 로스앨러모 스연구소 소장으로 원자폭탄 개발을 지도했다. 제2차 세계대전이 끝난 뒤, '원 폭의 아버지'로 불렸지만 수소폭탄 제조의 시비를 둘러싼 논쟁에서는 제조 계획 을 반대하는 견해를 취했다.

16 로스앨러모스 미국 뉴멕시코주 북부에 있는 로스앨러모스군의 군도(郡都). 1942년 맨해튼 계획으로 원자폭탄 연구소가 설립되어 1945년에 원자폭탄 제1 호를 제조했다.

17 맨해튼 계획 제2차 세계대전 중 미국이 추진한 원자폭탄 개발과 제조 계획을 말 한다. 오펜하이머를 비롯해 로렌스, 실라르드, 페르미 등 과학자와 기술자가 총 동원되었다.

18 이케다 다이사쿠 – 조지프 로트블랫의 대담집 《지구 평화를 위한 탐구》(우시오 출판사)

19 뉴멕시코주 미국 남서부에 있는 주로 주도(州都)는 샌타페이. 로켓을 비롯해 원 자력에너지 개발과 연구의 중심지로 알려져 있다.

20 앨라모고도 뉴멕시코주의 상업, 휴양도시. 1945년 7월 근교에서 세계 최초로 원 자탄 폭발 실험을 했다.

21 《바가바드기타》 고대 인도의 대서사시 《마하바라다》 중 종교와 철학적인 시편이 다. 1세기경에 씌어진 것으로 보인다. 영웅 아르주나와 크리슈나의 화신인 마 부가 대화하는 형식으로 씌어 있다.

22 후지나가 시게루 《로버트 오펜하이머 – 어리석은 과학자》(아사히출판사) 참조

23 막스 베버 1864~1920년. 독일의 사회학자로 사회과학 연구의 방법론을 확립했 다. 문명 비평가로서도 업적을 남겼다.

24 와키 게이헤이 번역(이와나미서점) 참조

25 넬슨 만델라 1918~2013년. 남아프리카공화국 전 대통령으로 아파르트헤이트 (인종격리정책)에 반대하는 인권 투쟁에 참가해 국가반역죄 등으로 종신형 판결 을 받았다. 27년간 옥중 생활을 하고 1990년에 출옥했다. 1994~99년 대통령을 역임했다.

26 불경보살(不輕菩薩) 《법화경》 상불경보살품(常不輕菩薩品) 제20에 설해져 있다. 여러 박해에도 굴하지 않고 이른바 '24문자의 법화경'을 불러 모든 사람을 예배 했다.

27 아파르트헤이트(인종격리정책) '격리'를 의미하는 아프리칸스어로 남아프리카공화국에서 일어난 인종격리, 인종차별 정책이다. 1991년에 완전 폐기되었다.

28 진실화해위원회 1994년, 아파르트헤이트로 일어난 인권 침해와 정치적 억압의 진실을 규명하고 피해자의 손으로 역사를 재조정하는 것을 목적으로 설립된 위원회.

29 The collected Works of Mahatma Gandhi, vol. 71, The Publications Division Ministry of Information and Broadcasting, the Government of India.

제7장 신시대의 종교 간 대화
/

01 공자학원 세계 각국에 중국어와 중국 문화의 보급을 목적으로 설립한 교육기관으로 국가 프로젝트로서 추진하고 있다. 일본에는 지금까지 총 6개 대학에 설립되었다. 현재 세계 51개국·지역에 120개 이상 대학이 참여하고 있다.

02 지저스패밀리 1920년대 중국 화북지구 산둥성에서 창설된 독립교회계 교단이다. 지방을 중심으로 세력을 넓히고 있다.

03 천인합일(天人合一) 하늘(天)과 사람(人)을 대립하는 것으로 여기지 않고 본디 합일성을 가진다고 주장하는 중국 사상이다. 또는 그 일체성의 회복을 목표로 하는 사상을 말한다. 도교나 유교 등 중국 철학에서 중심이 되는 사상이다.

04 지셴린(李羨林) 1911~2009년. 중국의 인도학, 불교학자로 베이징대학교 종신교수이자 중국 둔황투르판학회 회장을 역임했다. 중국 학술계의 리더적인 존재로 알려졌으며, 《인도 고대 언어 논문집》 등 다수의 저서가 있다. 이케다 SGI 회장과 대담집 《동양의 지혜를 말한다》를 발간했다.

05 이케다 다이사쿠-지셴린의 대담집 《동양의 지혜를 말한다》(동양철학연구소)

06 시크교 나나크(1469~1538년)가 창시했다. 힌두교의 개혁 운동이지만 힌두교와 이슬람교를 비판적으로 통합한 교의가 특징이다.

07 라지브 간디 현대문제연구소 1991년에 설립된 라지브 간디 재단이 설립한 연구소. 인도 국내 문제부터 국제 경제까지 현대의 다양한 문제에 대해 정치적, 경제적, 법률적 관점에서 개선과 해결의 길을 모색하는 연구기관이다.

08 하드 파워 일반적으로 국제 관계에서 군사력, 정치 권력 등을 지칭하며 물리적 강제력을 수반하는 움직임을 말한다.

09 소프트 파워 하드 파워와 대치되는 개념으로, 일반적으로 국제 관계에서 문화와 사상 등을 가리키며 지식과 정보를 기초에 둔 움직임을 말한다.

10 헨리 키신저 1923년생. 미국의 정치가이자 정치학자로 닉슨 대통령 특별보좌 관 등을 역임하며 미중 국교 회복에 힘썼다. 그 외에 베트남 평화협정 성립 등의 공적으로 1973년에 노벨 평화상을 수상했다. 이케다 SGI 회장과 나눈 대담집 《'평화'와 '인생'과 '철학'을 말한다》가 있다.

11 저우언라이(周恩來) 1898~1976년. 중국의 초대 총리. 중국과 일본의 국교를 회 복하고 중국과 소련의 우호조약을 체결했다. 또 인도의 네루 총리와 함께 '평화 5원 칙'을 제창하고 새로운 국가 정책의 길을 제시하는 등 중국의 정치와 외교 양면에 걸 쳐 탁월한 수완을 발휘했다.

12 알렉세이 코시긴 1904~1980년. 옛 소련의 수상. 카슈미르 분쟁을 조정하고 미 국의 존슨 대통령 그리고 중국의 저우언라이 총리와 회담하는 등 긴박한 국제 관계를 완화하고자 힘썼다.

13 쑹젠(宋健) 1931년생. 중국의 우주공학자, 중일우호협회 회장. 생물의 자기 통 제 메커니즘을 통신과 정보 처리 등의 기술에 응용하는 인공두뇌학 이론의 권위 자로, 1992년 지구서밋에 중국 정부 대표로 참석했다.

14 중일 국교 정상화 제언 1968년 9월, 이케다 회장(당시)이 제11회 대학부총회에 서 발표한 강연이다. 일본이 취해야 할 행동으로 ①중화인민공화국 정부의 존재 를 정식으로 인정할 것 ②유엔에서 정당한 자리를 준비할 것 ③경제, 문화적인 교류를 추진할 것 등의 구체적인 방안을 제시했다.

15 밀린다왕 생몰년 미상. 메난드로스왕이라고도 부른다. 아프가니스탄과 인도를 지배한 그리스계 왕으로 펀자브 지방에서 갠지스강 유역으로 진출해 커다란 세 력을 보유했다. 불교 교리에 관해 성자(聖者) 나가세나와 문답을 벌여 불교에 귀의했다고 전해진다.

16 나가세나 나선비구(那先比丘)를 말한다. 《나선비구경(經)》에는 중인도에 있는 가얀가라에서 태어났다고 씌어 있다. 불교를 배우고 훗날 '현자론'으로 밀린다 왕과 대론했다. 이 대화는 동서 문명의 지성을 대표하는 대화로 유명하다.

17 나카무라 하지메, 하야지마 교쇼 번역 《밀린다왕의 물음》(헤이본사)

18 세계종교연구센터 1960년 전 세계의 주요 종교를 연구할 목적으로 설립했다. 서로 다른 신앙을 가진 사람들의 상호 교류 촉진 등에도 힘쓰고 있다.

19 마르틴 부버 1878~1965년. 이스라엘의 철학자, 신학자. 유대 민족의 정신적 지도자로서 활동했으며, 대화론 철학을 대표하는 사람으로 유명하다. 주요 저서 《나와 너》는 신학과 철학의 틀을 뛰어넘어 정신병리학이나 정신분석학에도 큰 영향을 끼쳤다.

제8장 지성의 창조와 대학 교육의 미래

01 스탠퍼드대학교 미국 캘리포니아주 팰로앨토에 있는 사립 종합대학으로 1885년에 개교했다. 미국 서해안 굴지의 명문 대학이다.

02 매사추세츠공과대학교 미국 매사추세츠주 케임브리지시에 있는 과학기술계 사립 종합대학으로 1861년에 개교했다. 세계적인 과학자를 다수 배출했다.

03 미시간대학교 미국 미시간주 앤아버에 있는 주립 종합대학으로 1817년에 개교했다. 미국 최고의 주립대학으로 평가받는다.

04 조지타운대학교 미국 수도 워싱턴D.C에 있는 사립 종합대학으로 1789년에 개교했다. 예수회가 설립했다.

05 캘리포니아공과대학교 미국 캘리포니아주 패서디나시에 있는 사립대학으로 1891년에 개교했다. 미국을 대표하는 과학기술 대학이다.

06 리버럴 아트 일반 교양 교육을 목적으로 한 교과로 교육에서는 직업인이나 전문가이기 전에 뛰어난 인간이어야 한다는 교육 이념에 바탕을 두고 있다. 중세 유럽에서 계승되었다. 소수 인원 교육으로 일반 교양 과정을 배우는 것이 특징이다. 일반적으로 졸업한 뒤 전문 과정으로 진학하는 것이 전제되어 있다.

07 국제연맹 제1차 세계대전이 끝난 뒤 1920년에 발족한 역사상 첫 국제평화기구다. 60개국 이상이 가맹했지만 미국이 불참하여 활동에 큰 제약을 받아 역사상 제 기능을 충분히 발휘하지 못했다.

08 토머스 우드로 윌슨 1856~1924년. 미국 제28대 대통령, 정치학자. 1918년 국제
   연맹 설립과 민족자결주의 등을 외친 14개조 평화 원칙을 발표했다. 그 공적을
   인정받아 이듬해 노벨 평화상을 수상했다.

09 우시오기 모리카즈 저《미국의 대학》(고단샤)

10 랠프 월도 에머슨 1803~82년. 미국의 시인, 사상가. 19세기 중엽 미국의 문학과
   사상계에 큰 영향을 준 '초절주의(超絶主義)'로 유명하다. 주요 저서로《자연》
   《신학부강연》《미국의 학자》등이 있다.

11 사카모토 마사유키 번역《에머슨 논문집》(이와나미서점) 인용, 참조

12 파울루 프레이리 1921~97년. 브라질 교육사상가, 문맹퇴치 운동가. 성인의 문맹
   퇴치를 위한 교육 방법을 세우는 등 문맹퇴치 운동의 선구자로서 활약했다. 상
   파울루시 교육담당관 등을 역임했다. 1986년에는 유네스코평화교육상을 수상
   했다. 저서로《희망의 교육학》등이 있다.

13 오자와 유사쿠, 구스하라 아키라, 가키누마 히데오, 이토 슈 번역《페다고지-억
   눌린 자를 위한 교육》(아키서방) 참조

14 사토미 미노루, 구스하라 아키라, 히가키 요시코 번역《전달이냐 대화냐》(아키서방)

15 프린스턴대학교 미국 뉴저지주 프린스턴에 있는 사립 종합대학으로 1746년에
   개교했다. 미국 굴지의 명문 대학이다.

16 이케다 다이사쿠-조지프 로트블랫 저《지구 평화를 위한 탐구》(우시오출판사)

17 호세 오르테가 이 가세트 1883~1955년. 스페인의 철학자, 문명평론가. 실존주
   의적 인문주의자로 저서《대중의 반역》에서 스페인 내전을 예고했다.

18 이노우에 다다시 번역《대학의 사명》(다마가와대학교 출판부)

19 몬콤부 스와미나탄 1925년생. 인도의 농학자, 퍼그워시회의 전 회장. 1960년대
   에 다수확 품종의 개발과 보급으로 인도의 농업 부흥과 '녹색혁명'의 추진에 큰
   역할을 했다. 1988년 스와미나탄연구재단을 설립했다. 환경 보전과 빈곤 극복
   을 위해 '영속적인 녹색혁명'에 착수했다. 주요 저서 중에 이케다 SGI 회장과 나
   눈 대담집《'녹색혁명'과 '마음혁명'》(우시오출판사)이 있다.

20 소크라테스 기원전 470~기원전 399년. 고대 그리스의 철학자. 거리에서 시민과
   '문답법'을 실천해 사람들에게 스스로 무지를 자각시켜 진리로 이끌려고 했다.
   청년을 현혹한다고 고발되어 사형당했다.

21 구보 마사루 번역《소크라테스의 변명 크리톤》(이와나미서점)

HARVEY
COX

21세기 평화와 종교를 말한다

池田
大作

초판 3쇄 발행 2019년 10월 23일

–

지은이 하비 콕스 · 이케다 다이사쿠

발행인 이동한

제작관리 이성훈, 정승헌 / **판매** 박미선, 최종헌, 박경민

발행 (주)조선뉴스프레스 / **등록** 제301-2001-037호 / **등록일자** 2001년 1월 9일

주소 서울시 마포구 상암산로 34 DMC 디지털큐브빌딩 13층

편집 문의 02-724-6830 / **구입 문의** 02-724-6796, 6797

값 10,000원 / **ISBN** 979-11-5578-480-8

–